遂广遂西高速公路施工标准化实施指南

第四分册　路面工程

余万福　周永军　等　编著

人民交通出版社股份有限公司
China Communications Press Co.,Ltd.

内 容 提 要

本书为《遂广遂西高速公路施工标准化实施指南》第四分册路面工程，系在现行公路工程标准、规范的基础上，针对工程质量通病和管理薄弱环节，充分吸纳各地施工标准化的经验和成果，总结遂广遂西高速公路施工项目创建高品质典范工程实践经验编制而成。本书主要按路面不同结构层从施工准备、材料要求、配合 比设计、试验段施工等方面，对施工工序、要点和质量控制提出了具体要求，对进一步提高施工效率，提升工程质量具有显著促进作用。

本书适用于高速公路施工项目管理人员阅读，也可供大专院校师生参考使用。

图书在版编目(CIP)数据

遂广遂西高速公路施工标准化实施指南. 第四分册，路面工程 / 余万福等编著. — 北京 : 人民交通出版社股份有限公司，2016.7

ISBN 978-7-114-13065-6

Ⅰ. ①遂… Ⅱ. ①余… Ⅲ. ①高速公路—路面—道路施工—标准化—四川省—指南 Ⅳ. ①U415.1-65

中国版本图书馆 CIP 数据核字(2016)第 121670 号

书　　名：遂广遂西高速公路施工标准化实施指南　第四分册　路面工程
著 作 者：余万福　周永军　等
责任编辑：尤　伟　卢晓红
出版发行：人民交通出版社股份有限公司
地　　址：(100011)北京市朝阳区安定门外外馆斜街 3 号
网　　址：http://www.ccpress.com.cn
销售电话：(010)59757973
总 经 销：人民交通出版社股份有限公司发行部
经　　销：各地新华书店
印　　刷：中国电影出版社印刷厂
开　　本：880 × 1230　1/16
印　　张：8.5
字　　数：167 千
版　　次：2016 年 7 月　第 1 版
印　　次：2016 年 7 月　第 1 次印刷
书　　号：ISBN 978-7-114-13065-6
定　　价：40.00 元

《遂广遂西高速公路施工标准化实施指南
第四分册　路面工程》
编写委员会

前　言

为落实《四川省交通重点项目创建"优质工程"活动实施方案》(川交函〔2013〕250号)精神,四川遂广遂西高速公路有限责任公司以技术创新、管理创新为动力,以质量、安全、进度、造价为核心,开展创建优质工程活动,力争将遂广遂西高速公路建设成为高品质典范工程。为保障创优工程建设活动高质量、高标准、高水平地开展,进一步提升工程质量、安全管理水平,树立行业文明施工形象,遂广遂西高速公路有限责任公司和四川交投建设工程股份有限公司在交通运输部《高速公路施工标准化技术指南》、四川省交通运输厅《四川省高速公路施工标准化技术指南》的基础上,结合遂广遂西高速公路实际情况,编制了《遂广遂西高速公路施工标准化实施指南》(以下简称《指南》)。《指南》共4个分册,分别为工地建设、路基工程、桥梁工程、路面工程。《指南》是在现行公路工程标准、规范的基础上,针对工程质量通病和管理薄弱环节,充分吸纳了各地施工标准化的经验和成果,总结了近年来行之有效的成熟工艺、先进装备和制度措施,体现了现代工程管理的具体要求。

本书为《指南》第四分册——路面工程,共12章,按路面不同结构层从施工准备、材料要求、配合比设计、试验段施工等方面,对施工工序、要点和质量控制提出了具体要求,以进一步提高施工效率,提升工程质量。

限于编者的学术水平,书中如有不足之处,请读者批评指正,并将问题和修改意见反馈至四川遂广遂西高速公路有限责任公司(四川省遂宁市河东新区五彩缤纷路奥城玫瑰花园临江商业房6栋302室,邮编:629000),以便及时修订和完善。

编者

2016年3月

目　录

1　总则

1.0.1　为有效减少当前路面施工中常见的质量通病，规范高速公路路面工程施工，提高各参建单位管理水平，保证施工质量安全，结合遂广遂西高速公路路面施工的实际情况，编制本指南。

1.0.2　本指南依据国家、交通运输部、四川省交通运输厅等工程建设主管部门发布的与路面工程相关的文件、标准、规范、规程和技术指南及行业内采取的成熟和先进的施工工艺、工法、技术和管理办法编制。

1.0.3　路面施工应符合《公路工程质量检验评定标准　第一册　土建工程》(JTG F80/1—2004)、《公路路面基层施工技术细则》(JTG/T F20—2015)、《公路沥青路面施工技术规范》(JTG F40—2004)、《公路水泥混凝土路面施工技术细则》(JTG/T F30—2014)的要求。

1.0.4　路面施工必须严格遵守国家和行业的安全生产法律、法规，符合国家环境和生态保护的规定，并积极改善施工条件，制订确实可行的施工方案和安全生产措施，确保施工人员的安全和作业人员的身体健康。

1.0.5　路面工程施工实行路面施工单位责任制，严格按照路面施工标准化实施管理办法推行路面施工“零污染”，防止路面层间污染，提高路面耐久性。同时，路面施工不得对已完成的路基、桥梁、隧道、交通安全设施、机电工程、绿化工程等造成污染。路面各结构层正式施工前均应铺筑试验段，并根据试验段总结指导后续施工。

1.0.6　本指南适用于遂广遂西高速公路项目路面工程施工。

2　施工准备

2.1　一般规定

2.1.1　承包人进场后，应结合工程的主要特点，调查沿线料源分布和交通条件，落实项目经理部、混合料拌和场的具体位置及平面布置等工作，经监理工程师批准后，开展场地建设。图 2-1 所示为 SG2-LM 分部施工标准化项目经理部。

2.1.2　项目经理部、料场、拌和场建设标准应符合招标文件和本系列指南《工地建设》分册的要求。图 2-2 ~ 图 2-4 所示为热拌站建设现场。

图 2-1　SG2-LM 分部施工标准化项目经理部

图 2-2　SG2-LM 分部热拌站

图 2-3　SX-LM1 分部热拌站

图 2-4　SX-LM2 分部热拌站

2.1.3　承包人应按合同文件要求组织人员、设备进场，以满足施工要求。

2.1.4 承包人必须建立施工质量保证体系,推行全面质量管理、ISO 9002质量管理体系,制订和完善质量要求,明确质量责任及考核办法,建立质量责任人档案,落实质量责任制。

2.1.5 路面工程施工前,应做好路基、桥梁及隧道工程等的验收和移交工作,并办理相应书面手续。路面工程施工期间,每一结构层施工前,应对其下承层和路基进行检查,合格后方可进行该结构层施工。

2.2 技术准备

2.2.1 路面工程开工前,应做好设计文件交底工作,监理单位、承包人应对设计文件进行审核。对设计中存在的问题及建议,应及时以书面形式提请设计单位答复。

2.2.2 建立符合要求的工地试验室(图2-5),工地试验室建成后应向有关部门履行备案手续。在正式开工前,应与相关试验检测机构做好沥青、集料、混合料等原材料、成品料的试验比对工作。

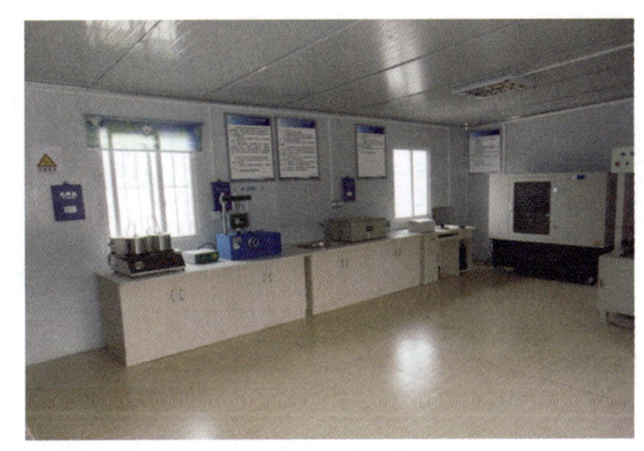

图2-5 SG2-LM分部试验室

2.2.3 承包人进驻工地后,应按规定对路线的导线点及水准点进行复测,并根据需要进行相应测点的加密。

2.2.4 编制详细的施工组织设计。承包人应根据工程的结构特点,按图纸要求、相关规范的规定以及设备情况,编制路面工程各结构层的施工组织设计,在各结构层开工前及时报请监理工程师审查批准,否则不得开工。主要内容应包括工程概况、编制依据、施工部署和施工方案、施工进度计划、施工平面图、主要技术经济指标等。

2.2.5 承包人应在开工准备工作就绪后,编制完整的《总体开工报告》,内容应包括施工准备、施工组织设计、试验室建设、进度计划(含人员、材料、机械及试验检测仪器进场情况)、质保体系、安全体系的建立情况等。各分项工程开工前,也须编制《分项开工报告》。

2.2.6 在正式施工前,承包人应对所有参加施工人员分层次组织技术培训和技术交底。培训内容应包括施工工艺、质量控制、安全措施、环境保护等。

2.3 机械准备

2.3.1 工程施工机械设备必须类型齐全、配套完整,并满足施工质量、进度、安全等要求。

2.3.2　承包人在投标文件中承诺的施工机械设备进场计划，必须严格执行，其中压路机须配置视频倒车雷达，且有语音提示器，见图2-6、图2-7。

图2-6　SG1-LM1分部压路机倒车雷达及语音提示喇叭

图2-7　SX-LM1分部可视倒车雷达探头

2.3.3　路面主要结构层施工机械设备配置，应不低于招标文件技术规范要求。路面施工单位应做好开工前的保养、调试和试机，并尽量避免在施工期间发生有碍施工进度和质量的故障。沥青面层宜采用单幅全宽机械化连续摊铺作业，确保铺筑的质量。路面主要施工设备要求如表2-1、表2-2所示。

表2-1　遂广高速路面主要施工设备要求一览表

名　称		单　位	基本数量	规格或要求
垫层、底基层、基层	稳定土拌和设备	套	SG1　8 SG2　3	每台生产能力400t/h以上，全电子称重系统，至少5个冷拌料斗
	稳定土摊铺机	套	SG1　8 SG2　3	液压自动调节，并排摊铺
	重型振动压路机	台	SG1　16 SG2　6	≥18t
	平地机	台	SG1　8 SG2　3	—
面层	沥青拌和楼	套	SG1　2 SG2　1	总生产能力320t/h以上
	沥青摊铺机	台	SG1　2 SG2　1	摊铺宽度<12m、超声波、雪橇调平装置
	双钢轮压路机	台	SG1　6 SG2　3	≥11t，振幅及频率可调，其中须有1台水平振荡压路机
	胶轮压路机	台	SG1　6 SG2　3	≥26t
	胶轮压路机	台	1	10～20t
	智能沥青洒布车	台	SG1　2 SG2　1	≥3 000L，用于黏层及透层
	自行式强力清扫车	台	SG1　2 SG2　1	真空吸尘
	空压机	台	SG1　2 SG2　1	9～12 m^3/min以上的空压机2～3台
	洒水车	台	SG1　8 SG2　3	4～6t洒水车，配高压水枪
	路面灌缝设备	套	1	—

续上表

名称		单位	基本数量	规格或要求
其他	发电机组	套	1	≥500kW
	联合破碎机	套	SG1 10 SG2 4	每套生产能力100t/h及以上,同时满足生产要求
	自卸汽车	台	—	满足生产要求
	装载机	台	—	满足生产要求

表2-2 遂西高速路面施工设备要求一览表

名称		单位	基本数量	规格或要求
垫层、底基层、基层	稳定土拌和设备	套	8	每台生产能力500t/h以上,全电子称重系统,至少5个冷拌料斗
	稳定土摊铺机	套	8	液压自动调节,并排摊铺
	重型振动压路机	台	16	≥18t
	平地机	台	8	—
面层	沥青拌和楼	套	2	总生产能力400t/h以上
	沥青摊铺机	台	2	摊铺宽度<12m、超声波、雪橇调平装置
	双钢轮压路机	台	6	≥11t,振幅及频率可调,其中须有1台水平振荡压路机
	胶轮压路机	台	6	≥26t
	胶轮压路机	台	1	10~20t
	智能沥青洒布车	台	2	≥3 000L,用于黏层及透层
	自行式强力清扫车	台	2	—
	空压机	台	2	9~12m^3/min以上的空压机2~3台
	洒水车	台	8	4~6t洒水车,配高压水枪
	路面切缝机	台	1	—
其他	发电机组	套	1	≥800kW
	联合破碎机	套	10	每套生产能力100t/h及以上,同时满足生产要求
	自卸汽车	台	—	满足生产要求
	装载机	台	—	满足生产要求

2.4 试验检测仪器准备

2.4.1 路面工程承包人在正式开工前,须配备性能良好、精度符合规定的质量检测仪器,并配备足够的易损部件。开工前要求加强对拌和楼、检测仪器等设备的校验和标定工作,监理、建设单位必须对校验和标定情况进行检查、核验,确保拌和及检测数据真实可靠。施工过程中应加强对拌和楼、检测仪器等设备的检修、维护,以便能及时发现设备出现的问题。对拌和楼筛网等配件应经常检查,发现堵塞和破损现象应及时进行清理和更换,以便更好地控制配合比。

2.4.2　主要检测试验仪器配置不低于表2-3、表2-4的要求。

表2-3　遂广高速面层工地试验室主要检测仪器配备标准

检测室	仪器设备名称	数量	仪器规格		
			测量范围	分度值	准确度
集料室	电子天平	2台	0～5kg	0.1g	0.1g
	标准筛	1套	—	—	—
	烘箱	2台	300℃	1℃	1℃
	游标卡尺	1把	0～150mm	—	—
	压碎值试验仪	1台	—	—	—
	台秤	1台	50kg	—	—
	浸水天平	1台	0～6kg	0.1g	0.1g
	灌砂仪	2套	灌砂筒直径≥15cm		
	洛杉矶磨耗值测定仪	1套	符合规范要求		
	加速磨光试验机	1台	符合规范要求		
	砂当量测定仪	1台	符合规范要求		
	电子台秤	2台	0～30kg	—	5g
	压力机	1台	—	—	—
沥青混合料室	沥青混合料电动搅拌机	2台	容积不小于10L，控温精度2℃		
	电子天平	2台	5kg	0.1g	0.1g
	浸水天平	1台	0～3kg	0.1g	0.1g
	数显恒温水浴箱	1台	10～100℃	1℃	—
	真空理论密度仪	1台	能达4kPa负压		
	马歇尔稳定度仪	2台	最大荷载不小于25kN，准确度100N，加载速率能保持(50±5)mm/min，自动绘制荷载—位移曲线。建议采用ELE的自动马歇尔稳定度测定仪		
	脱模器	1台	—	—	—
	马歇尔击实仪	2台	自动计数准确，击实功准确、稳定，仪器性能稳定(建议采用ELE品牌)		
	烘箱	2台	300℃	1℃	1℃
	车辙试验仪	1台	要求温控、碾压速度和压力符合规范要求		
	燃烧炉	1台	建议采用NCAT燃烧炉沥青含量测定仪		
现场检测室	路面渗水仪	1台	新型，配压重块		
	平整度仪	1台	连续式平整度仪或颠簸累积仪		
	摆式摩擦系数测定仪	1台	符合规范要求		
	取芯机	1台	功率不小于4kW		
	路面弯沉仪	1台	符合规范要求		
	手持红外温度计	5把	现场测量温度用，精度0.1℃		
	切割机	1台	能满足现场切割路面试件要求		
	构造深度仪	1台	—	—	—
水泥室	振动成型试验仪	1台	符合规范要求		
	电动试验抗折机	1台	符合规范要求		

表 2-4 遂西高速面层工地试验室主要检测仪器配备标准

检测室	仪器设备名称	数量	仪器规格		
			测量范围	分度值	准确度
集料室	电子天平	4台	0~5kg	0.1g	0.1g
	标准筛	2套	—	—	—
	烘箱	4台	300℃	1℃	1℃
	游标卡尺	2把	0~150mm	—	—
	压碎值试验仪	2台	—	—	—
	台秤	2台	50kg	—	—
	浸水天平	2台	0~3kg	0.1g	0.1g
	灌砂仪	4套	灌砂筒直径≥15cm		
	洛杉矶磨耗值测定仪	2套	符合规范要求		
	加速磨光试验机	2台	符合规范要求		
	砂当量测定仪	2台	符合规范要求		
	电子台秤	4台	0~30kg	—	5g
	压力机	2台	—	—	—
沥青混合料室	沥青混合料电动搅拌机	4台	容积大于10L,控温精度2℃		
	电子天平	4台	5kg	0.1g	0.1g
	浸水天平	2台	0~3kg	0.1g	0.1g
	数显恒温水浴箱	2台	10~100℃	1℃	—
	真空理论密度仪	2台	能达4kPa负压,建议用ELE品牌		
	马歇尔稳定度仪	4台	最大荷载不小于25kN,准确度100N,加载速率能保持(50±5)mm/min,自动绘制荷载—位移曲线。建议采用ELE的自动马歇尔稳定度测定仪		
	脱模器	2台	—	—	—
	马歇尔击实仪	4台	自动计数准确,击实功准确、稳定,仪器性能稳定(建议采用ELE品牌)		
	烘箱	4台	300℃	1℃	1℃
	动稳定度测定仪	2台	要求温控、碾压速度和压力符合规范要求		
	燃烧炉	2台	建议采用NCAT燃烧炉沥青含量测定仪		
现场检测	路面渗水仪	2台	新型,配压重块		
	平整度仪	2台	连续式平整度仪或颠簸累积仪		
	摆式摩擦系数测定仪	2台	符合规范要求		
	取芯机	2台	功率不小于4kW		
	路面弯沉仪	2台	符合规范要求		
	手持红外温度计	10把	现场测量温度用,精度0.1℃		
	切割机	2台	能满足现场切割路面试件要求		
	构造深度仪	2台	—	—	—
水泥室	振动成型试验仪	2台	符合规范要求		
	电动试验抗折机	2台	符合规范要求		

2.5　料场及材料准备

2.5.1　料场、拌和场建设标准按照本系列指南《工地建设》分册相关要求执行。

(1)施工总体布置合理,拌和场要选在空旷、干燥、交通便利,并远离工厂、居民区、经济农作物及畜牧业集中的区域,同时不受季节性洪水影响的地方,避免对当地居民的生产、生活和居住环境带来不利影响。应充分利用地形条件,做好用水、用电措施,减少环境污染,原材料运输进场与成品料运出不得相互干扰,整个场地要求布置合理、各功能区协调。拌和场原则上不应设在路基上。

(2)冷拌场:路线上每15km须设置1处冷拌场,用于备料及基层、底基层及垫层混合料的生产拌和,满足集料的分级堆放及有效隔离,每处占地面积不少于11 998.8m^2,拌和能力要求不低于400t/h。冷拌场材料加工、堆放、拌和场地及场区道路要求进行硬化处理(材料加工、堆放、拌和场地以及场区道路硬化处理后,硬化结构应平整、坚实,不得有沉陷、唧泥、松散等影响材料洁净程度的情况),要求采用不小于30cm厚的砂砾石+15cm厚的C20水泥混凝土修建隔离墙,堆料隔离墙采用浆砌片石材料,墙高不小于3m,同时高于料堆高度0.5m,墙宽不小于0.6m,并完善排水设施。为有效控制含水率,集料堆场应设置足以覆盖堆放细集料的钢架防雨棚,棚高要求不低于6m。

(3)热拌场:路线上每30km设置一处热拌场,用于备料、沥青混合料的拌和及基本的试验、生活用地,满足集料的分级堆放及有效隔离,占地不少于53 328m^2。在热拌场必须建立一个运料车的循环清洗系统,以保持路面的清洁。场地应进行硬化处理(材料加工、堆放、拌和场地以及场区道路硬化处理后,硬化结构应平整、坚实,不得有沉陷、唧泥、松散等影响材料洁净程度的情况),要求采用不小于30cm厚的砂砾石+15cm厚的C20水泥混凝土修建隔离墙,堆料隔离墙采用浆砌片石,墙高不小于3m,同时高于料堆高度0.5m,墙宽不小于0.6m,并完善排水设施(硬化后的场坪应中间高四周低,利于雨水向场外排出,四周设排水暗沟,并且排水不至于形成集中冲刷而损毁附近的农林经济作物和房舍构筑物等),集料堆场应设置足以覆盖所堆放集料材料的钢架防雨棚,棚高要求不低于6m。

(4)拌和场地内应设有安全防护措施,配备消防设备。

(5)项目经理部要采取有效措施,按原材料质量管理程序对材料进行检验。不合格材料不得进入料场。

(6)场外施工便道要按投标文件承诺和施工组织设计的要求合理布设。施工便道宽度小于4.5m时,应每隔200m设置长20m的会车道。

(7)对拌和场外300m范围内的便道也必须进行硬化,并由专人负责养护,以确保路面平整,防止扬尘和积水,使运输车辆的轮胎尽量保持干净,若不干净,应有专人负责冲洗干净。

2.5.2　料场作业

(1)料场应按图纸所示设置或由承包人选择并经监理工程师批准后设置。料场应依照试验室提供的集料组成设计指定的各种集料规格进行开采作业。承包人应经常检验材质的变化情况,随时向监理工程师报告。由于材质变化而不符合要求的集料不得使用,否则,所发生的费用,由承包人承担。集料来源的初步判断并不意味着这个料源的所有集料都已批准。

(2)料场在开采之前应办好所有相关的用地手续及生产许可证。料场爆破作业应取得当地公安机关的批准,特殊工种人员应持证上岗。炸药库的位置与设计、炸药运输方法、炸药的管理与使用以及防止事故所采取的预防措施等,都应符合国家的法定规章制度。

(3)料场应剥去覆盖层及风化层,清除杂草和其他杂质后始得开采。弃土应在指定的地点处理。

(4)合格的集料应分等级、规格堆放在硬化、无污染场地上。

(5)材料开采完毕后,应进行清理,防止水土流失,并符合环境保护部门的有关要求。

2.5.3 承包人进场后,应抓紧进行集料料源情况的调查工作,集料必须符合规范及设计级配要求。经试验检测合格、拌和场建设完成后,应抓紧备料工作,在开工前,要储备足够的原材料(一般不低于合同段设计总量的30%),以满足路面大规模连续施工的需要。

集料质量应从源头抓起,施工、监理单位派专人进驻集料加工厂,不合格的集料不得装车、装船。

2.5.4 各种材料必须在使用前选定。承包人应将具有代表性的样品,委托监理中心试验室或经监理工程师确认的试验室,按规定进行材料的标准试验或混合料配合比设计,试验结果提交监理工程师审批,未经批准的材料不得使用,未经批准的混合料配合比设计不能施工。监理工程师未批准的混合料,应由承包人在规定的时间清除出现场,并用符合要求的材料替换,所需费用承包人自行承担。

2.6 通用材料要求

2.6.1 碎石

碎石由新鲜、坚硬、洁净的片石或卵石(满足设计要求的粒径)轧制,应洁净、干燥,并具有足够的强度和耐磨耗性。其颗粒形状应具棱角、接近立方体,不得含有软质岩石或其他杂质,其技术指标应符合现行规范的要求。

2.6.2 砾石

砾石应坚硬、耐久;有机质、黏土块和其他有害物质的含量应符合有关规范的规定。

2.6.3 天然砂

(1)砂应洁净、坚硬、干燥、无风化、无杂质,符合规定级配,其泥土杂物含量应小于3%。

(2)按细度模数(M_x)将砂分组如下:

粗砂:$M_x=3.7\sim3.1$;

中砂:$M_x=3.0\sim2.3$;

细砂:$M_x=2.2\sim1.6$;

特细砂:$M_x=1.5\sim0.7$。

在混凝土配制时应同时考虑砂的细度模数和级配情况,细度模数的计算可按《公路工程集料试验规程》(JTG E42—2005)中 T 0327—2005 的规定执行。

2.6.4　机制砂

机制砂系专用制砂机轧制而成,机制砂应采用坚硬、洁净的卵砾石轧制加工(不得用加工碎石产生的石屑进行加工),机制砂生产应具备吸尘或水洗设备。机制砂应坚硬、清洁、干燥、无风化、无杂质,并且有适当的级配。

2.6.5　水

水应洁净,不含有害物质。来自可疑水源的水应按照相关要求进行试验,未经监理工程师批准的水源不得使用。

2.6.6　水泥

(1)根据路用要求可采用普通硅酸盐水泥、硅酸盐水泥、道路硅酸盐水泥,其中用于水泥混凝土路面面板及用于水泥稳定碎石基层、底基层的水泥,要求选用大厂旋窑生产的普通硅酸盐水泥,采用其他种类水泥应报监理工程师批准。

(2)水泥进场,应有产品合格证及化验单,并按相关要求进行抽验。

(3)不同等级、厂牌、品种、出厂日期的水泥不得混合堆放,严禁混合使用。

(4)出厂期超过 3 个月或受潮的水泥,必须经过试验,按其试验结果决定降级使用或废弃,并应得到监理工程师的认可,否则不得使用。

(5)严禁使用结块变质的水泥。

2.6.7　沥青

沥青材料应为道路石油沥青、乳化石油沥青和道路石油沥青改性产品等,沥青质量应符合图纸、招标文件及《公路沥青路面施工技术规范》(JTG F40—2004)的要求。每一批沥青材料都应有厂家的技术标准、试验分析证明书,并提交监理工程师审核。

沥青存放时应覆盖、防雨,防止包装桶生锈、破损,防止杂质污染沥青。

2.7　下承层验收与准备

2.7.1　路基、桥梁及隧道工程验收

(1)当路面工程与路基、桥梁或隧道工程由不同承包人承担施工时,路面施工承包人应参加建设单位与监理工程师组织的路基、桥梁与隧道工程的验收,验收合格后须办理移交手续。

(2)路基、桥梁、隧道验收应按照设计及规范要求,执行《公路工程质量检验评定标准 第一册 土建工程》(JTG F80/1—2004)相关规定。桥梁工程验收应重点检查水泥混凝土铺装层纵断高程及横坡度、水泥混凝土铺装层表面裂缝和桥面排水系统;隧道工程验收应重点检查整平层、混凝土基层、连续配筋混凝土层。图2-8所示为待交验路基;图2-9、图2-10所示为路基交验现场。

图2-8 SX1-3分部待交验路基

图2-9 SG1-1分部路基交验弯沉检测

图2-10 SG1-1分部路基交验压实度检测

(3)软基处理段应检查连续两个月沉降量是否符合设计要求。

2.7.2 路面工程作业面准备

(1)垫层、底基层作业面准备

①路基外形复查。主要内容包括高程、中线偏位、宽度、横坡度和平整度。

②清除路基表面浮土、杂物,宜采用18t以上振动压路机进行慢速全幅碾压检验,路基顶面必须平整无坑洼;在碾压过程中,如发现土过干,表面松散,应适当洒水,如土过湿,发生“弹簧”现象应进行处理。

③进行中线恢复。直线段每15~20m设一桩,平曲线段每10~15m设一桩,并在两侧路肩边缘外0.3~0.5m设指示桩,进行水准测量,标出上覆层边缘的设计高程。

④在天气炎热的情况下,在垫层、底基层铺筑之前应洒水湿润,防止混合料失水过快。

(2)基层作业面准备

①底基层外形检查。主要内容包括高程、中线偏位、宽度、横坡度和平整度。

②底基层缺陷检查和修复。

③用硬扫帚和鼓风机将下承层浮浆及杂物清理干净。

④在天气炎热的情况下，在基层铺筑之前应洒水湿润，防止混合料失水过快。

(3)透层、下封层作业面准备

①基层外形检查。主要内容包括高程、中线偏位、宽度、横坡度和平整度。

②基层缺陷检查和修复。水泥稳定碎石基层应在7～10d龄期内能取出完整的芯样；如果取不出完整芯样，应进行返工处理。

(4)黏层作业面准备

①按相关规定对中、下面层的外观质量与内在质量进行全面检查，对局部质量缺陷(如严重离析和开裂、油污染等)进行修复。

②对中、下面层表面的污染物必须清扫干净，必要时用水冲刷。对于局部被水泥等杂物污染冲刷不掉的，应用人工将表面水泥砂浆凿除。

(5)沥青面层作业面准备

①检查下封层完整性。对已成形的下封层，用硬物刺破后应与基层表面相黏结，以不能成片被撕开为合格。下封层表面浮动矿料应扫至路面以外，表面杂物应清扫干净。

②在进行中、上面层施工前，应检查黏层油洒布情况，如出现多洒、少洒或漏洒等缺陷，应进行处理。

③检查桥面防水黏结层。对局部外露和两侧宽度不足部分，应按施工要求进行补洒。

(6)桥面防水黏结层作业面准备

①水泥混凝土桥面在防水黏结层施工前，应进行桥面板处理，并应经过验收合格。

②桥面板处理推荐采用抛丸、精铣刨两种方式，处理后应满足水泥混凝土桥面处理质量控制标准。如原桥面板提浆过多无法满足抛丸露骨率要求时，应采用精铣刨进行处理。

3　石料开采、集料加工与储运

3.1　一般规定

3.1.1　本章适用于自行开采石料与集料加工。若直接采购成品集料，可按本章要求对石料开采、集料加工过程进行检查与验收。

3.1.2　石料开采、集料加工与储运等过程，应符合国家环境保护、安全等规定；石料开采应取得相关主管部门的行政许可。

3.1.3　不同岩性、不同料源的石料不得混杂开采、加工；不同岩口、不同岩性、不同规格的集料不得混堆、混运。

3.1.4　雨雪天不得进行集料加工。

3.2　石料开采

3.2.1　遂广遂西高速公路路面工程所用碎石，除路面上面层采用玄武岩轧制外，其余均采用卵石轧制。

3.2.2　采用卵石轧制垫层、水泥稳定层碎石时，卵石原料粒径应大于6cm。采用卵石轧制沥青面层碎石时，卵石原料粒径应大于8cm。图3-1、图3-2所示为用于轧制碎石的卵石。

图3-1　SG1-LM1分部用于轧制碎石的卵石（直径大于10cm）

图3-2　SG1-LM2分部用于轧制碎石的卵石（直径大于10cm）

3.3　集料加工

3.3.1　碎石加工采用联合破碎机，由给料机、破碎机、筛分机、输送机组成，总产量每小时不小于500t，并能满足该项目路面工期要求。

3.3.2　碎石加工采用三级破碎方式。粗碎：采用颚式破碎机，出料粒径为10～20cm；中碎：采用反击式破碎机，出料粒径5～8cm；细碎：采用冲击式破碎机，出料为成品料，然后进入筛分机筛分。

对于采石场爆破生产的片石，要求干净，不得含有风化石、泥土，否则应进行筛选和水洗，并按岩石最大粒径选择初级破碎机。对于卵砾石原材料，应在碎石机进料口前按照水稳碎石、沥青路面碎石相关要求设置振动筛进行预筛，筛取粒径符合要求的卵砾石进行轧制，为了减少成品料粉尘含量和满足环保需要，联合破碎机必须配置吸尘设备或清洗设施。图3-3所示为粗集料水洗装置。

图3-3　粗集料水洗装置

三级破碎的生产率要匹配，为了保证设备运行不堵塞，后一级破碎生产容量比前一级容量增大10%～20%。

3.3.3　设备在启动前应检查各种破碎机、筛分机、输送机是否有物料，如有，应清除物料后再启动。启动时，顺序应从末级工序开始逐级启动，停止工作时，应从第一级工序开始，逐级停机，严禁设备带料停机、开机。

设备应按要求进行润滑，经常注意设备的噪声及振动情况，出现异常，应迅速停机检查。

设备运行时，当质量与产率不正常时，检查破碎机、筛分机是否堵塞或筛面破损。

3.3.4　碎石分为5级：0～2.36mm、2.36～4.756mm、4.75～9.56mm、9.5～196mm、19～26.56mm。

振动筛最大筛孔尺寸与材料粒级应对应，见表3-1。

表3-1　材料粒级与振动筛筛孔

材料粒级(mm)	2.36	4.75	9.5	19	26.5
振动筛分孔(mm)	3	6	11	21	29

3.3.5　集料从细破到振动筛之前，从皮带机取样，应在料流的整个宽度上取样，料样取回试验室进行分析，采用四分法进行缩分，或者把取样料全部进行筛分，分析各级料组

成比例，当与水泥稳定碎石配合比有较大出入，可调节各破碎机进料和出料口尺寸，尽量减少浪费，或把富余的集料回轧或制砂。

碎石机每天生产，都要进行取样分析，各级料都要取样筛分，一般在料堆取样，在离料顶、料脚一定距离的上、中、下部位取样，取样送回试验室进行筛分，检查针片状颗粒含量和超粒径颗粒含量。各级料颗粒组成，要求每级料含其他颗粒组成不超过5%，否则应检查轧石机、振动筛设备。

3.3.6　当生产碎石材料发生异常时，应检查颚破的颚板是否需要更换，调整排料口尺寸，反击破板锤是否需要更换，反击板是否严重磨损，调整反击板与板锤之间的间隙大小。检查振动筛是否堵塞、磨损。各级破碎机的选择与原材料的强度、品质有关系，力求成品料形状为立方体，针片状颗粒少。

3.3.7　在集料加工过程中，应采用洒水设备洒水作业，保护环境，减少扬尘和集料的二次污染。

3.3.8　成品料的下料口处各规格集料必须分开堆放，相互之间采用隔墙分离，严禁不同规格集料之间相互串料。图3-4为SG2-LM分部料仓隔墙。

3.4　集料储运

3.4.1　集料堆放场地应进行硬化，场内运输道路应采用水泥混凝土路面。建设标准应符合本系列指南《工地建设》分册中的相关规定。

3.4.2　各规格集料应分开堆放，相互之间采用隔墙分离，严禁出现串料和混料现象，如图3-5所示。

图3-4　SG2-LM分部料仓隔墙

图3-5　SG2-LM分部路面细集料堆放现场

3.4.3　在粗集料堆放时，宜按 10°～15°的倾角分层堆放。运料车在坡脚处紧密卸料，然后用推土机向高处推平，减少集料离析，禁止汽车自料堆顶部向下卸料，如图 3-6～图 3-9所示。

图 3-6　粗集料堆放示意图

图 3-7　SG2-LM 分部现场堆料

图 3-8　SX-LM1 分部堆料

图 3-9　SX-LM2 分部临时堆料

3.4.4　成品集料运输过程中，应采取覆盖措施，防止二次污染。

3.5　质量控制

3.5.1　在石料开采和集料加工过程中，应有专人进行检查，防止风化石、泥块、杂草等不合适材料进入集料生产线。

3.5.2 集料加工过程中,在每次开机前应对破碎机、振动筛、除尘器、皮带运输机等设备进行检查,对筛面的完整性、成品集料的粉尘含量进行控制,发现问题及时处理。

3.5.3 集料加工过程中,应按要求检查各规格集料的质量。如发现集料质量波动较大时,应停止生产并检查,排除生产设备、工艺等环节存在的问题。

3.5.4 集料加工质量标准和抽检频率按照技术规范中相关规定执行。

3.5.5 承包人不得随意改变材料的来源,未经批准的材料不得用于工程。由于材料不合格造成工程损失应由承包人承担一切费用。

4　级配碎石垫层

4.1　一般规定

4.1.1　级配碎石混合料施工采用集中厂拌、摊铺机摊铺的施工方法。

4.1.2　在正式施工前,必须铺筑试验段,对施工工艺进行总结,试验段的质量检查频率应是正常路段的两倍。

4.1.3　施工期的日最低气温应在5 ℃以上,严禁雨天施工。

4.2　施工准备

4.2.1　级配碎石施工前的技术、机械、试验检测仪器、料场与材料及作业面等各项准备分别按本指南第2.2~2.7节执行。

4.2.2　应对作业面进行检查、清理及修整,确保下卧层表面平整、密实,具有规定的横坡,无任何松散、软弱和积水等现象。

4.2.3　施工前应做好放样工作。恢复中线时,每10m设一个中桩,并在两侧边缘外设指示桩,桩上应明显标记出该层边缘的设计高程,用白灰画出该层的边缘线。

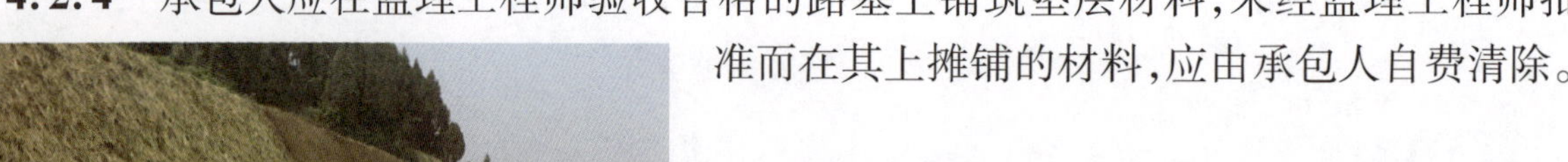

4.2.4　承包人应在监理工程师验收合格的路基上铺筑垫层材料,未经监理工程师批准而在其上摊铺的材料,应由承包人自费清除。

4.2.5　在铺筑垫层前,应将路基面上的浮土、杂物全部清除,并洒水湿润,如图4-1所示。

图4-1　SX-LM1分部垫层铺筑前洒水浸润

4.3　材料要求

4.3.1　集料

集料必须清洁,不含有机物、土块、杂物及

其他有害物质。

(1)粗集料。应符合本指南第2.6.1条的要求,碎石的最大粒径不应超过37.5mm;按《公路工程集料试验规程》(JTG E42—2005)标准方法进行试验时,压碎值不大于30%,针片状颗粒含量不超过20%,CBR值应大于80%。碎石集料级配应满足表4-1的要求。

表4-1 级配碎石的集料组成范围

通过下列方孔筛(mm)的质量百分率(%)								液限(%)	塑性指数
37.5	31.5	19	9.5	4.75	2.36	0.6	0.075		
100	90~100	73~88	49~69	29~54	17~37	8~20	0~7	<28	<6

(2)细集料。采用碎石加工过程中的石屑,有机质含量不宜超过1%,水洗0.075mm筛孔通过率不得大于15%。

4.3.2 水

水应洁净,不含有害物质。来自可疑水源的水应按照相关要求进行化验鉴定。

4.4 混合料配合比设计

4.4.1 级配碎石混合料应采用重型击实方法或振动压实方法进行混合料配合比设计。

4.4.2 级配碎石颗粒组成和塑性指数等,应符合《公路路面基层施工技术细则》(JTG/T F20—2015)相关要求。

4.4.3 级配碎石CBR值应满足设计文件要求,回弹模量应不小于300MPa。

4.4.4 级配碎石混合料组成设计

(1)取实际使用的集料,分别进行筛分,按颗粒组成进行计算,按照《公路沥青路面设计规范》(JTG D50—2006)或《公路路面基层施工技术细则》(JTG/T F20—2015)的级配范围要求,调整各种矿料比例设计粗、中、细3组初始级配。

(2)对每种级配选取5个含水率进行重型击实试验,确定级配碎石的最佳含水率及最大干密度。

(3)在最佳含水率下成型试件,选取CBR值最大者作为设计级配。

4.5 试验段施工

4.5.1 试验段应在主线选择经验收合格的下卧层上进行,长度为300~400m,采用两种试铺碾压方案,每一种试铺方案的试铺长度为100～200m。

4.5.2　试验段确定的主要内容

(1)施工配合比。调试拌和机,测量其计量准确性。通过检查混合料含水率、集料级配、CBR值,调整拌和方法、拌和时间,保证混合料均匀性。

(2)当需分层铺筑时,确定每层的合适厚度。

(3)确定松铺厚度和松铺系数。

(4)确定标准施工方法,包括:

①混合料配合比的控制。

②合适的拌和机械、拌和方法和拌和时间。

③混合料含水率的调整和控制方法。

④混合料摊铺方法和适用机具,包括摊铺机行进速度、摊铺厚度控制方式、梯队作业时摊铺机间隔距离等。

⑤压实机械的选择和组合,压实的顺序、速度和遍数。

⑥拌和、运输、摊铺和碾压机械的协调和配合。

(5)确定每一作业段的合适长度。

4.5.3　当使用的原材料和混合料、施工机械、施工方法符合要求,试验段各项检验结果符合规定后,按附录A要求编写试铺总结,经审批后作为申报正常路段开工的依据。

4.5.4　试验段经检验合格,作为正常路段的一部分。若不符合要求,经采取补救措施后仍无法满足使用功能的路段应铲除重铺。

4.6　施工要点

4.6.1　拌和

(1)采用中心站集中拌和,摊铺机摊铺。

(2)拌和机各料仓开口大小和皮带计量精度应事先标定,并在施工过程中经常检查和校正。

(3)细集料及拌和机料斗应采用钢架雨棚遮盖。

(4)开始拌和前,拌和场的备料至少应能满足5～7d摊铺用料。

(5)每天拌和前应检查各拌和设备的工作参数,使混合料颗粒组成和含水率达到规定的要求。

(6)每天拌和前应测定各种规格集料的含水率,结合天气、运距等情况调整外加水量。一般情况下,混合料的含水率比最佳含水率宜提高0.5%～1%,在气温高、风速大、天气干燥的情况下,宜提高1%～2%。早晚与中午的含水率要有区别。

(7)应有足够数量的装载机加料,确保拌和机各仓集料充足,同时避免料仓串料。

(8)拌和机出料不应采取自由跌落式的落地成堆、装载机装料运输的办法。应配备带活门漏斗的料仓,由漏斗出料直接装车运输,装车时车辆应前、后、中三次装料,避免混合料离析。

4.6.2 运输

(1)运输车辆应采用大吨位的自卸车,车况应良好、整洁,运输车辆在每天开工前,要检查其完好情况。运输车辆数量须满足拌和、出料及摊铺需要,并略有富余。

(2)混合料在运输过程中必须覆盖,以减少水分损失,如图4-2所示。

4.6.3 摊铺

(1)在级配碎石垫层边缘打好厚度控制线支架,根据松铺系数计算松铺厚度,确定控制线高度,挂好控制线。用于控制摊铺机摊铺厚度的钢丝拉力应不小于800N。

(2)摊铺前及摊铺过程中应检查摊铺机各部分运转情况,确保运转正常。

(3)摊铺机前等待卸料的运输车辆应不少于5辆,保持连续摊铺。

图4-2 级配碎石运输采用篷布覆盖

(4)在摊铺机前应设专人组织自卸车卸料,避免自卸车撞击摊铺机。

(5)用大功率摊铺机时,可采用单机单幅全断面摊铺;也可采用两台摊铺机梯队作业方案。

(6)现场摊铺采用单机摊铺时应采用两侧走钢丝的方法控制高程;采用两台摊铺机梯队作业时,两台摊铺机前后间距宜控制在10m以内,前台摊铺机采用路侧钢丝和设置在路中的导梁控制路面高程,后台摊铺机路侧采用钢丝、路中采用滑靴控制高程和厚度。前后两台摊铺机应重叠50~100mm。

(7)摊铺速度一般宜在2~3m/min。摊铺过程中根据拌和能力和运输能力确定摊铺速度,避免摊铺机停机待料的情况。

(8)摊铺过程中应随时注意材料离析情况,应设专人随时消除粗细集料离析现象。对于粗集料集中或细集料集中的地方,应分别添加细集料或粗集料,并拌和均匀。对严重离析部位应挖除后用符合要求的混合料填补。

(9)熨平板前的混合料高度以略高于螺旋布料器2/3高度为宜,且全长同高;螺旋布料器在全部工作时间内应匀速转动,避免过快或停顿。

(10)结构物两侧的摊铺(图4-3、图4-4)应符合以下要求:

①应在施工前对结构物两侧工作面进行清理和修整,扫除松散材料和所有杂物,处理好欠压实、不平整等问题。

②正交结构物两侧作为摊铺起点时,应使用相应厚度的垫块,不得采用人工摊铺。

③斜交结构物两侧等摊铺机无法工作的部位采用人工摊铺，应控制好松铺厚度和平整度。

图 4-3　SG1-LM2 分部垫层铺筑作业

图 4-4　SX-LM2 分部垫层铺筑作业

4.6.4　碾压

(1)经过整平和整形，承包人应按试验路段所确认的压实工艺，在全宽范围内均匀地压实至重型击实最大密度的 96% 以上。

(2)在摊铺、修整后，压路机应在全宽范围内紧跟碾压，一次碾压段落长度一般为 50 ~ 80m。碾压(图 4-5、图 4-6)应遵循先轻后重、先慢后快、横断面从低到高的原则。碾压段落必须层次分明。

图 4-5　SG1-LM1 分部垫层碾压

图 4-6　SX-LM1 分部垫层碾压

(3)碾压程序应按试验段确认的方法进行，碾压时，应重叠 1/3 轮宽。各部位碾压遍数应尽量相同，压路机碾压不到的部位用小型平板式振动器施振密实。

(4)碾压应遵循试验段确定的程序与工艺。宜按照稳压(静压)→弱振→强振→稳压收面的工序进行压实。

(5)严禁压路机在正在施工和刚完成的路段上掉头或急刹车。出现拥包时，应铲平处理。

(6)为保证级配碎石垫层边缘压实度，应有 10cm 的超宽压实；采用型钢模板支撑时，超宽可适当减小，如图 4-7、图 4-8 所示。

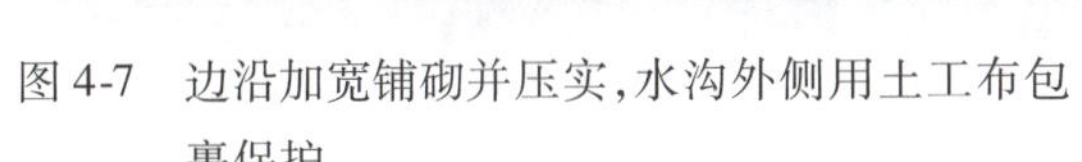

图 4-7　边沿加宽铺砌并压实，水沟外侧用土工布包裹保护

图 4-8　级配碎石垫层外边沿用钢模板固定

(7)压实后表面做到平整均匀，无轮迹。施工过程中及时用 3m 直尺进行平整度检测。

(8)一个路段碾压完成以后，应按批准的方法做密实度试验。被检验的材料没有达到所需的压实度、稳定性，则承包人应重新碾压、整形及整修，所需费用由承包人自理。

4.6.5　接缝处理

(1)当采用梯队摊铺时，纵向接缝应一次碾压密实。如有间隔时间较长的纵向接缝，应留 5 ~ 8m 暂不碾压，在后续摊铺后跨缝一次碾压密实。

(2)横向接缝应与路面车道方向垂直设置。按以下方式施工：

①压路机碾压完毕，沿端头斜面开到下卧层上停机过夜。

②第二天将压路机沿斜面开到前一天施工的垫层上，用 3m 直尺纵向放在接缝处，定出垫层离开 3m 直尺的点作为接缝位置，沿横向断面挖除坡下部分混合料，清理干净后，摊铺机从接缝处起步摊铺。

③压路机沿接缝横向碾压，由前一天压实层逐渐推向新铺层，碾压完毕再正常碾压。

④碾压完毕，接缝处纵向平整度应满足规定要求。

4.6.6　养生及交通管制

(1)级配碎石垫层在施工完毕后宜禁止车辆通行。

(2)施工完成后应尽快安排上覆层施工。承包人应充分考虑天气因素，合理安排垫层与基层的施工时间，确保垫层施工完成后能及时施工底基层。雨天应进行防雨覆盖。

(3)级配碎石垫层不宜过冬。必要时应采取措施，保证级配碎石不发生冻坏现象。

4.7　质量控制

4.7.1　原材料试验应按照《公路路面基层施工技术规范》(JTJ 034—2000)有关规定进行，检测频率建议粗集料每 2 000t 检测不少于 1 次、细集料每 1 000t 检测不少于 1 次。

石料质地坚硬、无杂质，颗粒级配符合要求。

4.7.2　混合料级配检验宜在拌和场运输机皮带上取样，在施工现场取样时，应采取措施确保样品的代表性。配料必须准确，塑性指数应符合规定。

4.7.3　施工过程中随时检查级配碎石混合料拌和以及摊铺的均匀性，应达到无粗细集料离析现象。

4.7.4　施工过程中应注意高程、厚度、平整度控制及对离析的检查，发现问题及时分析解决。

4.7.5　压实度检查应在碾压结束后立即进行，碾压应达到要求的压实度，对于小于规定值的测点应立即进行处理。在已完成的垫层上每一作业段或不大于2 000m^2随机取样6次，按《公路路基路面现场测试规程》(JTG E60—2008)规定进行压实度试验，并按规定检验其他项目。所有试验结果，均报监理工程师审批。

4.7.6　级配碎石混合料质量控制内容与垫层成品质量要求，分别按表4-2和表4-3规定执行，如图4-9所示。

表4-2　级配碎石混合料质量控制标准

项目		质量要求或允许差	检查频度	取样/试验方法
矿料级配与生产级配的差(%)	0.075mm	±2	1次/2 000m^2	拌和机皮带上取样
	≤2.36mm	±6		
	≥4.75mm	±7		
CBR(%)	≥80	1组/3 000m^2	《公路土工试验规程》(JTG E40—2007)	
含水率(%)	+2，-1	1组/2 000m^2	烘干法	

注：生产级配指的是通过试铺确定的设计级配。

表4-3　级配碎石垫层质量控制标准

检查项目	质量要求	检查规定
压实度(代表值)(%)	≥96	按《公路工程质量检验评定标准　第一册　土建工程》(JTG F80/1—2004)附录B检查，每200m每车道2处
平整度(mm)	≤12	3m直尺：每200m测2处×10尺
纵断面高程(mm)	+5，-15	水准仪：每200m测4个断面
厚度(mm)	-10	按《公路工程质量检验评定标准　第一册　土建工程》(JTG F80/1—2004)附录H检查，每200m每车道1点
宽度(mm)	≥设计值	尺量：每200m测4处
横坡度(%)	±0.3	水准仪：每200m测4个断面
外观要求	表面平整密实，边线整齐，无松散现象	

注：检测频率除注明之外，是指单幅双车道。

图 4-9 SG2-LM 分部使用灰岩级配碎石施工的垫层紧密无松散

5　水泥稳定底基层与基层

5.1　一般规定

5.1.1　水泥稳定结构层应采用集中厂拌、摊铺机摊铺、压路机碾压密实的施工工艺。

5.1.2　在正式施工前，必须铺筑试验段，对施工工艺进行总结，试验段的质量检查频率应是正常路段的两倍。

5.1.3　遂广高速公路水泥稳定底基层、基层压实厚度为28cm，遂西高速公路水泥稳定底基层、基层压实厚度为25cm。

5.1.4　施工段落的长度应与配套的施工机械相匹配，每个施工段落长度以200m为宜。

5.1.5　工地气温低于5℃时，不应进行施工，并应在重冰冻（−5～−3℃）之前一个月结束施工。雨季施工，应特别注意天气变化，勿使水泥和混合料受雨淋。降雨时应停止施工，但已摊铺的混合料应尽快碾压密实。

5.2　施工准备

5.2.1　水泥稳定碎石施工前的技术、机械、试验检测仪器、料场与材料准备及作业面准备分别按本指南2.2～2.7节执行。

图5-1　SX-LM2分部测放水泥稳定碎石铺筑边界

5.2.2　测量人员提前恢复中线，直线段宜每10m设一中桩，平曲线每5m设一个中桩，在两侧路肩外边缘设置指示桩，指示桩应明显标记出水泥稳定碎石层边缘的设计高程，用白灰画出水泥稳定碎石层的边缘线，如图5-1所示。

5.2.3　清除底基层表面浮土。底基层表面高出设计高程部分应予刮除，并将刮下的部分扫出路外；局部低于设计高程之处，不能进行贴补，必须将其挖除重铺。如图 5-2、图 5-3所示。

图 5-2 SX-LM2 分部铺筑基层前使用清扫车对底基层进行清扫

图 5-3 SX-LM2 分部清扫后水稳底基层表面露出骨料

5.3 材料要求

5.3.1 水泥

(1)宜选用终凝时间较长的普通硅酸盐水泥、道路硅酸盐水泥，不得使用快硬水泥、早强水泥以及已受潮变质的水泥。用于基层、底基层的水泥必须采用大厂旋窑生产的水泥，如采用散装水泥，则必须存放 24h 以上方可使用。

(2)用于底基层、基层的水泥，要求初凝时间 4h 以上，终凝时间 6h 以上，且不大于 10h。

(3)水泥剂量，是指水泥质量占集料干重的百分率。稳定土拌和机需带电子计量系统，确保水泥剂量的准确控制。采用稳定土拌和机施工时水泥的最大剂量：水泥稳定碎石底基层不得大于 3.5%，水泥稳定碎石基层不得大于 4%（在施工过程中，若强度满足要求的范围，水泥剂量不得再人为调高比例）；应尽可能通过调整级配组成来达到满足强度的要求，从而减少收缩裂缝的产生。

5.3.2 集料

(1)应洁净、干燥、表面粗糙、无风化、无杂质。

(2)碎石颗粒的最大粒径不应超过 31.5mm。碎石应先筛分成 5 级（建议分级界限为：0 ~ 2.36mm、2.36 ~ 4.75mm、4.75 ~ 9.5mm、9.5 ~ 19mm、19 ~ 31.5mm），不同粒级的碎石以及细集料应隔离，分别堆放然后配合，使颗粒组成符合表 5-1 所列的级配范围。应采取措施保护集料，特别是细集料应有覆盖，防止雨淋。

表 5-1 水泥稳定碎石底基层、基层集料的颗粒组成范围

通过下列方孔筛(mm)的质量百分率(%)									液限(%)	塑性指数
层位	31.5	26.5	19	9.5	4.75	2.36	0.6	0.075		
基层、底基层	100	90 ~ 100	72 ~ 89	47 ~ 57	29 ~ 39	17 ~ 27	8 ~ 15	0 ~ 3	<28	<9

细集料采用碎石加工过程中的石屑，有机质含量不宜超过1%，水洗0.075mm通过率不得大于15%。粗集料采用沿线洁净、坚硬的灰岩用大型联合碎石机（反击破或冲击破）轧制成的碎石，压碎值不得大于30%，针片状颗粒的含量应不超过20%。

碎石宜采用冲击式或反击式破碎机轧制的碎石，进场后按标化工地的要求分档堆放，为便于材料堆放和施工组织，底基层与基层的集料的粒径和分级一致。并满足表5-2的质量要求。

表5-2　基层、底基层碎石质量要求

项目	压碎值	针片状颗粒含量	小于0.075mm颗粒含量		密度	砂当量	吸水率	坚固性
			2.36mm以上	0～2.36mm				
单位	%	%	%	%	t/m^3	%	%	%
质量要求	≤30	≤20	≤2.0	≤10	>2.5	≥50	≯3	≯12

5.3.3　水

水应洁净，不含有害物质。来自可疑水源的水应按照相关要求进行化验鉴定。

5.4　混合料配合比设计

5.4.1　一般要求

（1）混合料的组成设计应符合《公路路面基层施工技术细则》（JTG/T F20—2015）的有关规定。

（2）水泥稳定底基层与基层集料粒径与分级一致，为了减少水泥稳定碎石施工离析，集料最大粒径控制在31.5mm，水泥稳定碎石底基层和基层根据试验采用同一级配，只是水泥用量不同。

（3）为了减少水泥稳定碎石底基层、基层的裂缝，在级配设计中通过降低4.75mm筛孔的通过率，增加粗集料含量，形成骨架密实结构，特别是减少0.075mm筛孔通过率，降低水泥用量以提高半刚性材料的抗裂能力。

（4）在混合料组成设计中，在级配范围内按粗、中、细三种级配做试验，确定三种级配的最佳含水率和水泥用量，通过试验摊铺、压实、检测确定采用哪种级配。

（5）建议水泥稳定底基层强度要求：7d龄期无侧限抗压强度代表值大于2MPa。

（6）建议水泥稳定基层强度要求：7d龄期无侧限抗压强度代表值大于3MPa，不超过4.5MPa，要求偏差系数控制在10%以内。

（7）混合料组成设计注意事项如下：

①为减少基层裂缝，应做到三个限制：在满足设计强度的基础上限制水泥用量；在合成级配满足要求的同时限制细料、粉料用量（合成级配中小于0.075mm颗粒含量不大于3%）；根据施工时气候条件限制含水率。

②在规定的水泥剂量范围内，强度如达不到设计要求，应采取调整级配和更换料源

等措施,不得单纯采用提高水泥剂量的方式。设计水泥剂量如超出规定范围,必须报发包人审批。

③生产配合比调试时,应根据施工时的气候条件,通过试验确定混合料拌制用水量。

5.4.2 试验

(1)用于底基层、基层的原材料应进行标准试验,试验项目见表 5-3。

(2)混合料按设计掺配后,应采用振动成型法成型试件,并进行抗压强度试验。

表 5-3 水泥稳定碎石底基层、基层原材料的试验项目

<table>
<tr><th>试验项目</th><th>材料名称</th><th>频率</th></tr>
<tr><td>含水率</td><td>碎石</td><td>每天使用前测 2 个样品</td></tr>
<tr><td>颗粒分析</td><td>碎石</td><td>每种碎石使用前测 2 个样品,使用过程中每 2 000m^3 测 2 个样品</td></tr>
<tr><td>液限、塑限</td><td>骨料中粒径在 0.5mm 以下的细料</td><td>每种碎石使用前测 2 个样品,使用过程中每 2 000m^3 测 2 个样品</td></tr>
<tr><td>相对密度、吸水率</td><td>碎石</td><td rowspan="2">使用前测 2 个样品,使用过程中每 2 000m^3 测 2 个样品,碎石种类变化重做 2 个样品</td></tr>
<tr><td>压碎值</td><td>碎石</td></tr>
<tr><td>强度等级和凝结时间</td><td>水泥</td><td>做材料组成设计时测一个样品,料源或等级变化时重测</td></tr>
<tr><td>水泥剂量</td><td>混合料</td><td>使用中测 2 个样品,从拌和机出料口取样</td></tr>
<tr><td>混合料级配</td><td>混合料</td><td>使用前测 2 个样品,从拌和机出料口取样,水洗法筛分</td></tr>
</table>

5.4.3 水泥稳定混合料的设计应考虑气候、水文条件等因素,按《公路工程无机结合料稳定材料试验规程》(JTG E51—2009)规定进行试验,通过试验确定最佳的水泥剂量和最佳含水率。混合料的设计步骤如下:

(1)制备同一种骨料,不同水泥剂量的水泥稳定碎石混合料。

(2)确定各种混合料的最佳含水率和最大干密度,应至少做三个不同水泥剂量(即最小剂量、中间剂量和最大剂量)混合料的击实试验。

(3)按工地预定达到的压实度,分别计算不同水泥剂量的试件应有的干密度。

(4)按最佳含水率和计算所得的干密度制备试件。进行强度试验时,作为平行试验的最少试件数量应不少于表 5-4 的规定。如试验结果的偏差系数大于表中的规定值,则应重做试验,并找出原因,加以解决。如不能降低偏差系数,则应增加试件数量。

表 5-4 最少试件数量

偏差系数	<10%	10% ~15%	15% ~20%
最少试件数量	6	9	13

(5)试件在规定温度(25 ±2)℃下保湿养生 6d,浸水 24h 后,按《公路工程无机结合料稳定材料试验规程》(JTG E51—2009)进行无侧限抗压强度试验。

(6)计算试验结果的平均值和偏差系数。

(7)根据表5-5的强度标准，选定合适的水泥剂量，此剂量试件室内试验结果的平均抗压强度 $\overline{R}$ 应符合下列公式的要求：

$$\overline{R} \geqslant \frac{R_d}{1 - Z_a C_v}$$

式中：R_d——设计抗压强度，MPa；

C_v——试验结果的偏差系数（以小数计）；

Z_a——标准正态分布表中的随机保证率（或置信度 a）而变的系数，高速公路保证率95%，即 $Z_a = 1.645$；

$\overline{R}$——试件室内试验结果的平均抗压强度，MPa。

5.4.4 设计抗压强度见表5-5。

表5-5　水泥稳定碎石底基层和基层的强度标准

项　目	强度（MPa）	项　目	强度（MPa）
水泥稳定碎石底基层	2.0	水泥稳定碎石基层	3.0

注：表中抗压强度要求为设计值，为避免因混合料离散性较大，考虑95%的保证率系数后，水泥用量增大，基层、底基层的偏差系数宜控制在10%以内。施工过程中，抗压强度检验时以范围控制，即控制强度的上、下限，基层单个试件强度控制在2.5～4.5 MPa，底基层单个试件强度控制在2.0～4.0MPa，超出范围应视为不符合要求。

5.4.5 在进行混合料设计时，水泥剂量若控制不住（偏高），应从改善原材料、调整级配方面做工作。

5.5 试验段施工

5.5.1 技术交底与技术培训

组织技术人员、试验员、机械操作手、控制室人员、运料车驾驶员等参与施工的人员进行培训，明确各自工作职责，讲解各工序、各工种的关键点，各司其职，各负其责，确定前场、后场负责人。

开工前要求加强对拌和楼、检测仪器等设备的标定工作，监理、建设单位必须对标定情况进行检查、核验，确保拌和及检测数据真实可靠。施工过程中应加强对拌和楼、检测仪器等设备的检修、维护，能及时发现设备出现的问题，更好地控制配合比。

5.5.2 铺筑试验段

由于各个施工单位的施工设备不同，施工工艺也有差异，在大面积施工作业前，要铺筑300m长的试验段以确定相应合理、有效的施工工艺和人员互相协调能力。试验段应选择在经验收合格的路基（底基层）上进行，其长度为300m左右，拌和楼拌和，两台摊铺机梯队摊铺，一次碾压密实。拌和、摊铺、碾压各道工序的要求按现行路面底基层（基层）

施工技术规范进行。

试验路段要明确以下主要内容：

(1)验证用于施工的混合料配合比。

①调试拌和楼，分别称出拌缸中不同规格的碎石、水泥、水的重量，测量其计量的准确性。

②调整拌和时间，保证混合料均匀性。

③检查混合料含水率、碎石级配、水泥剂量、7d 无侧限抗压强度。

(2)确定铺筑的松铺厚度和松铺系数。

(3)确定标准施工方法。

①混合料配比的控制方法。

②混合料摊铺方法和适用机具(包括摊铺机的行进速度、摊铺厚度的控制方式、梯队作业时摊铺机的间隔距离)。

③含水率的控制方法。

④压实机械的选择和组合、压实的顺序、速度和遍数，至少应选择两种确保能达到压实标准的碾压方案。

⑤拌和、运输、摊铺和碾压机械的协调和配合。

(4)确定每一碾压作业段的合适长度(一般建议 50～80m)。

(5)严密组织拌和、运输、碾压等工艺流程，缩短由拌和到碾压的完成时间。

(6)质量检验内容、检验频率及检验方法。

(7)试铺路面质量检验结果。

检验标准按规范及设计文件执行，其中试验路段的检验频率应是标准中规定的 2～3 倍。

当使用的原材料和混合料、施工机械、施工方法及试验路段各检验项目的检测结果都符合规定，可按以上内容编写《试验路段总结报告》(报告中应明确混合料试件 7d 无侧限抗压强度的上下限、水泥用量上下限)，经监理工程师审批后即可作为申报正式路面施工开工的依据。《试验路段总结报告》经批准后，混合料级配、水泥剂量不得进行改变，因特殊原因要调整时，应重新进行混合料组成设计和试验路段验证，并报经监理单位审批。

5.6 施工要点

5.6.1 拌和

(1)水泥稳定碎石底基层、基层混合料的拌和须采用厂拌法，拌和机的产量宜大于 400t/h。要求拌和机冷料仓与输送带搭棚覆盖。

(2)厂拌的设备及布置位置应在拌和以前提交监理工程师并取得批准后，方可进行设备安装、检修与调试，使拌和的混合料颗粒组成和含水率达到规定要求。

(3)拌和机各料仓开口大小和皮带计量精度应事先标定，并在施工过程中经常检查和调整。

(4)施工中细集料宜采用篷布覆盖,避免细集料含水率过大,导致施工过程中料仓口堵塞。

(5)开始拌和前,拌和场的备料至少应能满足 5 ~ 7d 的摊铺用料。

(6)每次开始拌和前,应检查场内各处集料的含水率,计算当天的施工配合比,外加水与天然含水率的总和要比最佳含水率略高 1% 左右。

(7)每次开始拌和之后,出料时应取样检查是否符合设计的配合比,进行正式生产之后,每天定时检查拌和情况,抽检其配合比、含水率是否变化。高温作业时,早晚与中午的含水率要有区别,要按温度变化、风速大小及时调整。

(8)料仓的加料应有足够数量的装载机,以确保拌和楼各仓集料充足并且相互之间数量协调。拌和楼在每天结束后应清理干净,检查并进行适当维护,尤其要注意避免水泥结块而堵塞水泥下料口。

(9)拌和机出料不得采取自由跌落式的落地成堆、装载机装料运输的办法。应配备带活门漏斗的料仓,由漏斗出料直接装车运输,装车时车辆应前后移动,分三次装料,避免混合料离析。

5.6.2　运输

(1)运输车辆应采用大吨位的自卸车,车况应良好,运输车辆在每天开工前,要检验其完好情况,装料前应将车厢清洗干净。运输车辆数量应满足拌和、出料与摊铺需要,并略有富余。

(2)混合料在运输过程中必须覆盖(图 5-4、图 5-5),以减少水分损失。

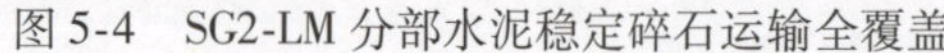

图 5-4　SG2-LM 分部水泥稳定碎石运输全覆盖

图 5-5　SX-LM2 分部水泥稳定碎石材料覆盖运输

(3)应尽快将拌和的混合料运送到铺筑现场。如运输车辆中途出现故障,应尽快排除,如车内混合料不能在初凝时间内运到工地,或预计混合料到碾压最终完成的延迟时间超过水泥初凝时间,必须予以废弃。

5.6.3　摊铺

(1)在铺筑底基层之前,应从填好的垫层上把浮土、杂物全部清除,并整形和压实。

垫层上的车辙、松软部分和压实度不足的地方，以及任何不符合规定要求的部分都应翻挖、填筑新填料，重新整形。如图5-6、图5-7所示。

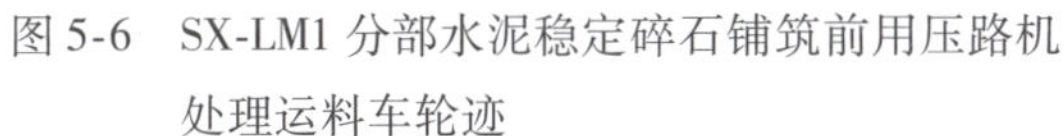

图5-6　SX-LM1分部水泥稳定碎石铺筑前用压路机处理运料车轮迹

图5-7　SX-LM2分部专人对轮迹进行铲平处理

（2）在水泥稳定碎石基层边缘打好高程控制线支架，根据松铺系数计算松铺厚度，决定控制线高度，挂好控制线。

（3）摊铺前应将作业面洒水湿润（图5-8）。对于底基层表面，宜喷洒水泥净浆，按水泥质量计，不少于1.0～1.5kg/m^2。水泥净浆稠度以能洒布均匀为宜，洒布长度以不大于摊铺机前30～40m为宜。

图5-8　SX-LM1分部铺筑基层前用水车浸润底基层

（4）基层、底基层必须采用摊铺机摊铺（图5-9、图5-10）。并使混合料按规定的松铺厚度均匀地摊铺在要求的宽度上。摊铺时应尽量减少混合料的离析，摊铺过程中应及时采用人工对已经离析的部分更换新的混合料进行补救。

图5-9　SG2-LM分部水泥稳定碎石铺筑作业

图5-10　SX-LM1分部水泥稳定碎石基层铺筑现场

(5)摊铺时混合料的含水率宜高于最佳含水率0.5%～1.0%,以补偿摊铺及碾压过程中的水分损失。

(6)基层和底基层每层摊铺前均应对下层表面均匀洒水润湿,洒水时间应视施工气温而定。基层和底基层间还应使用专用的水泥净浆洒布车在基层摊铺前1h以内均匀洒布水泥浆,确保层间黏结。

(7)待等候卸料的混合料运输车多于5辆后开始摊铺,并应保持连续摊铺。

(8)现场摊铺时,宜采用两台摊铺机梯队作业的方式,在单向双车道路面施工过程中,当单台大功率摊铺机抗离析效果较好时,也可采用单机全断面摊铺的摊铺方式。

(9)采用双机梯队作业时,两台摊铺机型号应相同,前后相距5～10m,前台摊铺机采用路侧钢丝和设置在路中的导梁控制路面高程,后台摊铺机路侧采用钢丝、路中采用滑靴控制高程和厚度的方式。前后两台摊铺机重叠50～100mm,中缝辅以人工修整。采用单机摊铺时应采用两侧走钢丝的方法控制高程。

(10)摊铺机的摊铺速度宜控制在1.5～2m/min。摊铺过程中应根据拌和能力和运输能力确定摊铺速度,中途不得随意变更摊铺速度,避免摊铺机停机待料的情况。

(11)摊铺前及摊铺过程中应检查摊铺机各部分运转情况。

(12)调整好传感器臂与导向控制线的关系;严格控制基层厚度和高程,保证横坡满足设计要求。设专人看护导向控制线,不得出现掉线和人为碰线的情况。

(13)摊铺机的螺旋布料器应有2/3埋入混合料中。

(14)摊铺机在安装、操作时应采取如降低布料器前挡板的离地高度等混合料防离析措施,摊铺机后应设专人消除离析现象,铲除局部粗集料集中部位,并用新拌混合料填补。

(15)结构物两侧摊铺应符合以下要求:

①应在施工前对结构物两侧工作面进行清理和修整,扫除松散材料和所有杂物,处理好欠压实、不平整等问题。

②正交结构物两侧作为起点时,应采用相应厚度的垫块起始摊铺,并严格按照设计要求衔接路面结构层和过渡板,不得采用人工摊铺。

③斜交结构物两侧等摊铺机无法工作的部位采用人工摊铺,应控制好操作时间、松铺厚度和平整度。

5.6.4　碾压

(1)在摊铺、修整后,立即用压路机跟在摊铺机后在全宽范围内进行碾压。碾压应遵循先轻后重、先慢后快、从低到高的原则。如图5-11、图5-12所示。

(2)压路机应紧跟每台摊铺机后碾压,碾压段落长度一般为50～80m。碾压段落必须层次分明,设置明显的分界标志。

(3)碾压应遵循试验段确定的程序与工艺。

(4)碾压过程中(图5-13),水泥稳定碎石底基层、基层的表面应始终保持湿润。如表面水分蒸发过快,应及时补洒少量的水。应严格控制碾压含水率,使其不低于最佳含水率，也不宜高于最佳含水率1%，在夏天高温季节施工时，如施工刚结束时检测含水率已小于最佳含水率的80%时应停止施工。

图5-11　SG2-LM分部水泥稳定碎石基层碾压作业

图5-12　SX-LM1分部水泥稳定碎石基层碾压作业

(5)基层和底基层严禁采用薄层贴补的方法进行找平及高程调整。严禁有意进行表面提浆。

(6)碾压宜在水泥初凝前及试验确定的延迟时间内完成，并达到要求的压实度。应做水泥稳定碎石混合料的延迟时间对其强度影响的试验，以确定合适的延迟时间。施工中，从加水拌和到碾压终了的延迟时间不得超过水泥终凝时间，按试验路段确定的合适的延迟时间严格控制施工。

(7)压路机碾压时应重叠1/3轮宽。

(8)压路机换挡要轻且平顺，不要拉动铺面，在第一遍初步稳压时，倒车后尽量原路返回，换挡位置应在已压好的段落上，在未碾压的一头换挡倒车位置应错开成齿状，出现个别拥包时，应进行铲平处理。

(9)压路机停机应错开，相互间距约3m，且停在已碾压好的路段上。

(10)严禁压路机在正在碾压的路段或刚完成的路段上掉头和急刹车。

(11)为保证水泥稳定碎石基层边缘压实度，应有100mm的超宽压实；采用型钢模板支撑时，超宽可适当减小，如图5-13～图5-18所示。

图5-13　SX-LM1分部水泥稳定碎石基层临边压实

图5-14　SG1-LM2分部水泥稳定碎石铺筑钢模板

图 5-15　SG1-LM2 分部使用钢模进行水泥稳定碎石铺筑的线形效果

图 5-16　SX-LM1 分部使用钢模后水泥稳定碎石边缘压实紧密

图 5-17　SX-LM2 分部使用型钢水泥稳定碎石边模压实效果

图 5-18　SG2-LM 分部采用小型夯机进行临边压实

5.6.5　接缝

(1)纵缝

两台摊铺机梯队施工时的纵向接缝应采用斜接缝,压路机跨缝碾压时一次碾压密实。

(2)横缝

①水泥稳定碎石混合料摊铺时,应连续作业,如因故中断时间超过 2h,则应设横缝;每天收工之后,第二天开工的接头断面也要设置横缝。

②横缝应与路面车道中心线垂直设置,接缝断面应是竖向平面。

③压路机碾压完毕,沿端头斜面开到下卧层上停机过夜;第二天将压路机沿斜面开到前一天施工的基层上,用 3m 直尺纵向放在接缝处,定出基层面离开 3m 直尺的点作为接缝位置,沿横向断面挖除坡下部分混合料,清理干净后,横切面也应洒布水泥净浆润湿,然后摊铺机从接缝处起步摊铺。

④压路机沿接缝横向碾压,由前一天压实层逐渐推向新铺层,碾压完毕再正常碾压。

⑤碾压完毕,接缝处纵向平整度应符合要求。

5.6.6　养生及交通管制

(1)底基层碾压完成后应立即覆盖节水保湿养生膜进行养生,基层碾压完成后应立即施工透层油并覆盖节水保湿养生膜进行养生,养生时间不少于7d,如7d后不能铺筑下一结构层,养生膜覆盖时间应保持到下一结构层开展时,以避免干缩裂缝。

(2)养生期间除洒水车外应封闭交通(图5-19、图5-20),洒水车的喷头应向上成雾状喷洒,不得直接喷洒路表面、不得用高压式喷管,以免破坏基层结构,每天洒水次数应视气候而定,整个养生期间应始终保持基层表面湿润。养生期结束后若不能及时进行下一道工序时,若有车辆通行时须经监理工程师批准,并将车速限制在30km/h以下,禁止重型车辆通行。养护完成的半刚性基层(底基层)上禁止一切超载车辆通行,同时应采取措施避免车辆集中快速行使,以保护基层(底基层)不受破坏。

图5-19　SG1-LM2分部水泥稳定碎石养生期交通管制

(3)节水保湿养生膜(图5-21～图5-23)技术指标应满足表5-6的要求。

图5-20　SX-LM1分部水泥稳定碎石养生期交通管制

图5-21　采用高性能节水保湿养护膜对水稳基层进行养护(72h保水率大于90%)

图5-22　SG2-LM分部及时使用养生薄膜进行基层养生

图5-23　SX-LM1分部水泥稳定碎石铺筑后立即盖保水养生膜养生

表 5-6　节水保湿养生膜技术指标要求

检验项目		要　求
3d 有效保水率(%)		≥90
一次性保水时间(d)		≥7
单位面积吸蒸馏水量(kg/m^2)		≥0.5
拉伸强度(MPa)		≥10
直角撕裂强度(kN/m)		≥50
保温性能(℃)		≥4
混凝土抗压强度比(%)(与标养比较)	3d	≥95
	7d	≥95
混凝土抗折强度比(%)(与标养比较)	3d	≥90
	7d	≥90
混凝土磨耗量(kg/m^2)		≤2.5

(4)底基层施工结束7d后即可进行基层水泥稳定碎石的施工。两层水泥稳定碎石施工间隔不宜超过30d。应做好底基层、基层铺筑的施工组织安排。

5.6.7　取样和试验

水泥稳定碎石应在施工现场每天进行一次或每2 000m^2取样一次，检查混合料的级配是否在规定的范围内;并按《公路工程无机结合料稳定材料试验规程》(JTG E51—2009)标准方法进行混合料的含水率、水泥含量、无侧限抗压强度试验;在已完成的铺筑层上按《公路路基路面现场测试规程》(JTG E60—2008)进行压实度试验。基层、底基层应取钻件(路面芯样)检验其整体性,水泥稳定碎石基层龄期达到7~10d时,应能取出完整的芯样。对于所有试验结果,均应报监理工程师审批。

5.6.8　工序衔接

底基层养生结束后应立即进行基层的施工,基层养生期满后应立即进行SBS改性沥青同步碎石封层的施工。

5.6.9　污染处理

基层、底基层如受到污染,在进行下一道工序之前必须采用旋转扫地机或空压机等设备彻底清除污染物。

5.7　质量控制

5.7.1　水泥、集料质量检测项目及频率按表5-7执行。

表 5-7 原材料检测项目及频率要求

<table>
<tr><th>材料种类</th><th>控制项目</th><th>控制标准</th><th>检测频率</th></tr>
<tr><td rowspan="5">水泥</td><td>细度</td><td rowspan="11">满足《公路路面基层施工技术规范》(JTJ 034—2000)的规定</td><td rowspan="5">不少于每批每 300t 检测 1 次</td></tr>
<tr><td>安定性</td></tr>
<tr><td>水泥初凝时间</td></tr>
<tr><td>水泥终凝时间</td></tr>
<tr><td>胶砂强度</td></tr>
<tr><td rowspan="6">集料</td><td>压碎值</td><td rowspan="6">粗集料每2 000t检测不少于 1 次;
细集料每1 000t检测不少于 1 次</td></tr>
<tr><td>粗集料针片状颗粒含量</td></tr>
<tr><td>液限</td></tr>
<tr><td>塑性指数</td></tr>
<tr><td>粗集料小于 0.075mm 颗粒含量</td></tr>
<tr><td>细集料小于 0.075mm 颗粒含量</td></tr>
</table>

5.7.2 混合料级配检验在拌和机运输皮带上取样,抗压强度检验在料车上取样。

5.7.3 除用滴定法检测水泥剂量要求外,还应进行总量控制检测。要求记录每天的实际水泥用量、集料用量和实际工程量,计算对比水泥剂量的一致性。

5.7.4 混合料拌和均匀,无粗细颗粒离析现象。

5.7.5 压实度检查应在碾压结束后立即进行,对于小于规定值的测点应立即进行处理,直到测点全部符合要求为止。

5.7.6 水泥稳定碎石混合料质量控制标准按表 5-8 执行,水泥稳定碎石底基层、基层质量控制标准按表 5-9 执行。图 5-24 为 SG2-LM 分部进行基层压实度现场测试。

表 5-8 水泥稳定碎石混合料质量控制标准

<table>
<tr><th colspan="2">项　目</th><th>质量要求或允许差</th><th>检查频率</th><th>取样/试验方法</th></tr>
<tr><td rowspan="3">矿料级配,与设计标准级配的差(%)</td><td>0.075mm</td><td>±2</td><td rowspan="3">1 次/2 000m²</td><td rowspan="3">拌和机混合料输送皮带上取样</td></tr>
<tr><td>≤2.36mm</td><td>±4</td></tr>
<tr><td>≥4.75mm</td><td>±7</td></tr>
<tr><td colspan="2">水泥剂量(%)</td><td>±0.5</td><td>每 2 000m²
检查 6 个以上样品</td><td>滴定法</td></tr>
<tr><td colspan="2">含水率(%)</td><td>最佳含水率 -1 ~ +2</td><td>随时</td><td>烘干法、微波加热法或燃烧法</td></tr>
<tr><td colspan="2">强度(MPa)</td><td>不小于设计要求</td><td>2 组/d</td><td>7d 无侧限抗压强度</td></tr>
</table>

表 5-9　水泥稳定碎石底基层、基层质量控制标准

<table>
<tr><th rowspan="2">项目</th><th rowspan="2" colspan="2">检 查 项 目</th><th colspan="2">规定值或允许偏差</th><th rowspan="2">检 查 方 法</th></tr>
<tr><th>底基层</th><th>基层</th></tr>
<tr><td>1</td><td colspan="2">压实度(代表值)(%)</td><td>≥97</td><td>≥98</td><td>按《公路工程质量检验评定标准　第一册　土建工程》(JTG F80/1—2004)附录 B 检查,每 200m 每车道测 2 处</td></tr>
<tr><td>2</td><td colspan="2">平整度(mm)</td><td>≤12</td><td>≤8</td><td>3m 直尺:每 200m 测 2 处×10 尺</td></tr>
<tr><td>3</td><td colspan="2">纵断高程(mm)</td><td>+5,-10</td><td>+5,-10</td><td>水准仪:每 200m 测 4 个断面</td></tr>
<tr><td>4</td><td colspan="2">宽度(mm)</td><td colspan="2">不小于设计值</td><td>尺量:每 200m 测 4 处</td></tr>
<tr><td rowspan="2">5</td><td rowspan="2">厚度(mm)</td><td>代表值</td><td>-10</td><td>-8</td><td rowspan="2">按《公路工程质量检验评定标准　第一册　土建工程》(JTG F80/1—2004)附录 H 检查,每 200m 每车道 1 处</td></tr>
<tr><td>合格值</td><td>≤-25</td><td>≤-15</td></tr>
<tr><td>6</td><td colspan="2">横坡(%)</td><td>±0.3</td><td>±0.3</td><td>水准仪:每 200m 测 4 个断面</td></tr>
<tr><td>7</td><td colspan="2">强度(MPa)</td><td colspan="2">符合设计要求</td><td>按《公路工程质量检验评定标准　第一册　土建工程》(JTG F80/1—2004)附录 G 检查</td></tr>
<tr><td>8</td><td colspan="2">整体性</td><td colspan="2">基层龄期 10~15d 时应能取出完整的钻件</td><td>每车道 500m 或每一作业段取样 1 次</td></tr>
<tr><td>9</td><td colspan="2">代表弯沉值</td><td colspan="2">小于设计值</td><td>每车道 20m 测 2 点</td></tr>
<tr><td>10</td><td colspan="2">外观鉴定</td><td colspan="3">表面平整密实,无坑洼、无明显离析、无软弹现象,无浮浆现象;表面露石,粗集料嵌镇紧密,边线整齐,边缘无松动现象;施工接缝平顺、稳定</td></tr>
</table>

图 5-24　SG2-LM 分部基层压实度现场测试

6 透层与黏层

6.1 一般规定

6.1.1 在已建成并经监理工程师验收合格的基层上洒布透层沥青，在透层油渗透入基层后方可开展下道工序。

6.1.2 在沥青面层之间以及 SBS 改性沥青同步碎石封层顶面、水泥混凝土路面与沥青路面连接处等洒布黏层沥青。

6.1.3 透层、黏层施工应采用智能型沥青洒布车一次均匀洒布。

6.1.4 黏层应在上覆层施工前 24h 内进行，不宜过早施工。

6.1.5 透层、黏层应在干燥和较热的天气施工。气温低于 10℃、大风、浓雾或即将降雨时，不得施工。

6.1.6 透层、黏层施工结束后，立即进行封闭管理，避免后期污染。

6.2 透层

6.2.1 施工准备

(1)透层施工前的技术、机械、试验检测仪器、料场与材料及作业面等各项准备分别按本指南第 2.2 ~ 2.7 节执行。

(2)透层施工前，需对基层进行全面调查，及时处理相关缺陷。工作面应整洁而无尘埃；监理工程师应对已准备好的工作面进行检查，在未批准前不得喷洒沥青材料。

6.2.2 材料要求

透层的沥青材料宜采用慢裂的高渗透性的洒布型阴离子乳化沥青(PA-2)，应符合表 6-1 的要求。透层油使用之前应按照《公路工程沥青及沥青混合料试验规程》(JTG E20—2011)的方法进行试验，且满足规范要求。透层油的规格和质量应符合图纸及《公路沥青路面施工技术规范》(JTG F40—2004)表 4-2 的要求。

表 6-1　透层油及黏层油技术指标要求

试验项目		阴离子乳化沥青(PA-2)	阳离子乳化沥青(PC-3)
沥青标准黏度计 $C_{25.3}$(s)		8~20	
恩格拉黏度 E_{25}		1~6	
筛上残留物(1.18mm 筛)　大于(%)		0.1	
蒸发残留分含量　不小于(%)		35	50
蒸发残留物	针入度(25℃,100g,5s)　(0.1mm)	60~100	
	延度(15℃)　不小于(%)	40	
	溶解度(三氯乙烯)　不小于(%)	97.5	
常温储存稳定度	1d　不大于(%)	1	
	5d　不大于(%)	5	
与矿料的黏附性,裹覆面积不小于		2/3	

6.2.3　施工要点

(1)在基层碾压成形,表面稍变干燥,但尚未硬化的情况下喷洒透层油。

(2)透层每次施工段落长度根据洒布车装油的数量决定,确保每车油单幅全宽喷洒完毕。

(3)透层油应采用智能型沥青洒布车喷洒,喷洒数量通过试验确定,并符合图纸及《公路沥青路面施工技术规范》(JTG F40—2004)表 9.1.4 和表 9.2.3 的要求。透层油喷洒后,基层表面不得有漏洒及浮油现象,在后期施工车辆作用下不得粘起油皮。

(4)沥青洒布车喷嘴的轴线应与路面垂直,并保证所有喷嘴的角度一致,同时保证洒布管的高度,尽量使同一地点能够接受到两个或三个喷洒嘴喷洒的沥青。

(5)透层油宜用沥青洒布车一次喷洒均匀,注意起步、终止以及纵向搭接处的洒布量。

(6)沥青洒布设备应配备有适用于不同稠度沥青喷洒用的喷嘴,在沥青洒布机喷不到的地方可采用手工洒布机。喷洒超量或漏洒或少洒的地方应予纠正。

(7)喷洒区附近的结构物和树木表面应加以保护,以免溅上沥青受到污染。

图 6-1　SX-LM2 分部洒布透层油后的水泥稳定碎石基层

(8)透层油洒布后,如有花白遗漏应人工补洒,喷洒过量的应立即撒布石屑或砂吸油,必要时作适当碾压。

(9)洒布完成后(图 6-1)应及时封闭交通,不得有车辆通行等损害透层的现象发生。水分蒸发后应尽早施工下封层。

(10)如果透层沥青被尘土或泥土完全吸收,以致使覆盖的面层无法与透层黏结,监理工程师可要求在摊铺沥青路面之前在透层上补洒一次黏层沥青。

6.2.4 质量控制

(1)透层油的质量应符合《公路沥青路面施工技术规范》(JTG F40—2004)相关规定。

(2)施工过程中随时进行外观检查,确保透层油洒布均匀,数量符合规定。

(3)采用钻孔或挖掘检查透层油渗透入基层的深度,宜不小于5mm。

(4)透层的检测项目、频率、技术标准及试验方法应符合表6-2的规定。

表6-2 透层检测标准

检测项目	检测频率	技术标准	试验方法
外观	随时	外观均匀一致,与下卧层表面牢固黏结,不起皮	目测为主
沥青	每批检查1次	符合《公路沥青路面施工技术规范》(JTG F40—2004)规定	按《公路工程沥青及沥青混合料试验规程》(JTG E20—2011)进行
洒布量	1 000m^{2}一组	满足设计要求	洒布时固定容器收集

6.3 黏层

6.3.1 施工准备

(1)黏层施工前的技术、机械、试验检测仪器、料场与材料及作业面等各项准备分别按本指南第2.2~2.7节执行。

(2)下卧层表面污染物应清除干净,必要时可用水冲刷洗净,待表面干燥后施工黏层。

(3)应采用智能型沥青洒布车一次均匀洒布。

6.3.2 材料要求

沥青面层之间以及SBS改性沥青同步碎石封层上的黏层宜采用热沥青(70号A级道路石油沥青),但环境温度低于15℃,可采用快裂的洒布型阳离子乳化沥青(PC-3),应符合表6-1的要求。黏层油使用之前应按照《公路工程沥青及沥青混合料试验规程》(JTG E20—2011)的方法进行试验,且满足规范要求。黏层油的规格和质量应符合图纸及《公路沥青路面施工技术规范》(JTG F40—2004)表4.3.2的要求。

6.3.3 施工要点

(1)洒布数量宜通过试验确定,并符合图纸及《公路沥青路面施工技术规范》(JTG F40—2004)表9.1.4和表9.2.3的要求。喷洒应均匀,注意起步或终止和接缝的洒布量。

(2)喷洒的黏层油必须成均匀雾状,在路面全宽度内均匀分布成一薄层,不得有洒花漏空或成条状,也不得有堆积。对于局部喷量过多的段落应刮除,对于漏洒的应人工补洒。在路缘石、雨水进水口、检查井等局部位置采用人工涂刷。

(3)沥青洒布车喷嘴的轴线应与路面垂直,并保证所有喷嘴的角度一致,同时保证洒布管的高度,尽量使同一地点能够接受到两个或三个喷洒嘴喷洒的沥青。

(4)黏层沥青应在铺筑覆盖层之前24h内用沥青洒布车洒布,并应禁止车辆通行。

6.3.4　质量控制

(1)黏层油的质量应符合《公路沥青路面施工技术规范》(JTG F40—2004)相关规定。

(2)施工过程中随时进行外观检查,确保黏层油洒布均匀。

(3)黏层的检测项目、频率、技术标准及试验方法应符合表6-3的规定。

表6-3　黏层检测技术标准

检测项目	检测频率	技术标准	试验方法
外观	随时	外观均匀一致,与下卧层表面牢固黏结,不起皮	目测为主
改性乳化沥青质量	每批检查1次	符合《公路沥青路面施工技术规范》(JTG F40—2004)规定	按《公路工程沥青及沥青混合料试验规程》(JTG E20—2011)进行
沥青洒布量	1 000m^2一组	满足设计要求	洒布时固定容器收集

7 SBS 改性沥青同步碎石封层

7.1 一般规定

7.1.1 在已建成并经监理工程师验收合格的基层上铺筑 SBS 改性沥青同步碎石封层。

7.1.2 风速不影响 SBS 改性沥青洒布效果；空气温度和地面温度都不得低于 10℃；阴雨天或路面潮湿时不得施工。

7.1.3 应采用具备智能控制沥青与石料用量、能精确调节和控制碎石的撒布量及其均匀性的同步碎石封层车进行施工，需用的设备进入待命状态，包括沥青洒布车、碎石撒布机、胶轮压路机。

7.2 施工准备

7.2.1 封层施工前的技术、机械、试验检测仪器、料场与材料及作业面等各项准备工作分别按本指南第 2.2 ~ 2.7 节执行。

7.2.2 封层施工前，需对下卧层进行全面调查，缺陷路段需处理。如基层出现裂缝，应根据裂缝的类型、成因、规模采取相应的处理方案。路段施工前应将下卧层表面清扫干净，并用鼓风机将浮灰吹净（图 7-1、图 7-2），使表层集料颗粒部分外露，必要时用水冲

图 7-1 SG1-LM1 分部基层清扫车

图 7-2 SG1-LM1 分部同步碎石施工前对水泥稳定碎石进行清扫

洗,雨后或用水清洗的表面,水分必须蒸发干净,确保基面粗糙、干燥、无灰尘、石屑、油污、杂物等,路缘石等防护良好。

7.3 材料要求

7.3.1 集料:应采用石质坚硬、清洁、不含风化、近立方体颗粒的单一粒径碎石,选用反击式或者冲击式破碎机轧制的碎石。碎石须以 0.4% ~0.6%(按照集料质量计)的沥青(采用 70 号 A 级道路石油沥青)进行预裹覆(裹覆温度在 120℃以上),预裹覆的集料堆放时间不宜超过两周,且必须做好防雨防尘措施。质量满足表 7-1 的要求,严禁直接采用卵石或石灰岩轧制过程中的下脚料。

表 7-1　集料技术指标要求

检验项目		技术要求
石料压碎值(%)	不大于	24
洛杉矶磨耗损失(%)	不大于	28
视密度(t/m^3)	不小于	2.6
吸水率(%)	不大于	2.0
对沥青的黏附性	不小于	4 级
坚固性(%)	不大于	12
针片状颗粒含量(%)	不大于	15
水洗法<0.075mm 颗粒含量(%)	不大于	0.5
软石含量(%)	不大于	3.0

7.3.2 基质沥青:SBS 改性沥青所用的基质沥青采用符合“道路石油沥青技术指标”要求的 70 号 A 级沥青,其技术指标应符合表 7-2 的要求。

表 7-2　道路石油沥青 70 号 A 级技术要求

试验项目			70 号(A)	试验方法
针入度(25℃,100g,5s)		(0.1mm)	60 ~ 80	T 0604—2011
针入度指数 PI			-1.5 ~ +1.0	T 0604—2011
延度(5cm/min,15℃)		不小于(cm)	100	T 0605—2011
延度(5cm/min,10℃)		不小于(cm)	15	T 0605—2011
软化点(环球法)		不小于(℃)	46	T 0606—2011
密度(15℃)		(g/cm^3)	实测记录	T 0620—2000
含蜡量(蒸馏法)		不大于(%)	2.2	T 0603—2011
闪点(COC)		不小于(℃)	260	T 0615—2011
溶解度(三氯乙烯)		不小于(%)	99.5	T 0611—2011
60℃动力黏度(Pa·s)		不小于	180	T 0607—2011
薄膜加热试验(163℃,5h)	质量变化	不大于(%)	±0.8	T 0609—2011
	残留针入度比(25℃)	不小于(%)	61	T 0604—2011
	残留延度(15℃)	不小于(cm)	6	T 0605—2011

7.3.3　SBS 改性沥青技术指标应满足表 7-3 的要求。

表 7-3　SBS 改性沥青技术要求

<table>
<tr><th colspan="3">项　　目</th><th>技术指标</th><th>试验方法</th></tr>
<tr><td colspan="2">针入度(25℃)(0.1mm)</td><td>最小</td><td>50</td><td>T 0604—2011</td></tr>
<tr><td colspan="2">延度(5 ℃)(cm)</td><td>最小</td><td>20</td><td>T 0605—2011</td></tr>
<tr><td colspan="2">软化点(℃)</td><td>最小</td><td>70</td><td>T 0606—2011</td></tr>
<tr><td colspan="2">运动黏度(135 ℃)(Pa·s)</td><td>最大</td><td>3</td><td>T 0625—2011</td></tr>
<tr><td colspan="2">闪点(℃)</td><td>最小</td><td>230</td><td>T 0611—2011</td></tr>
<tr><td colspan="2">溶解度(%)</td><td>最小</td><td>99</td><td>T 0607—2011</td></tr>
<tr><td colspan="2">离析,软化点差(℃)</td><td>最大</td><td>2.5</td><td>T 0661—2011</td></tr>
<tr><td colspan="2">弹性恢复(25℃)(%)</td><td>最小</td><td>90</td><td>T 0662—2000</td></tr>
<tr><td rowspan="3">旋转薄膜烘箱加热后残留物</td><td>质量损失(%)</td><td>最大</td><td>+1.0</td><td>T 0610—2011</td></tr>
<tr><td>针入度比(25 ℃)(%)</td><td>最小</td><td>65</td><td>T 0604—2011</td></tr>
<tr><td>延度(5 ℃)(cm)</td><td>最小</td><td>15</td><td>T 0605—2011</td></tr>
<tr><td colspan="5">Superpave 沥青结合料性能试验</td></tr>
<tr><td colspan="3">原样沥青</td><td>—</td><td>—</td></tr>
<tr><td colspan="2">动态剪切(76 ℃)$G^*/\sin\delta$(kPa)</td><td>最小</td><td>1.0</td><td>T 0628—2011</td></tr>
<tr><td colspan="3">旋转薄膜烘箱加热后</td><td>—</td><td>T 0610—2011</td></tr>
<tr><td colspan="2">动态剪切(76℃)$G^*/\sin\delta$(kPa)</td><td>最小</td><td>2.2</td><td>T 0628—2011</td></tr>
<tr><td colspan="3">压力老化后</td><td>—</td><td>T 0630—2011</td></tr>
<tr><td colspan="2">动态剪切(31 ℃)$G^*/\sin\delta$(kPa)</td><td>最大</td><td>5 000</td><td>T 0628—2011</td></tr>
<tr><td colspan="2">蠕变劲度(-12℃)(MPa)</td><td>最大</td><td>300</td><td rowspan="2">T 0627—2011</td></tr>
<tr><td colspan="2">M 值</td><td>最小</td><td>0.3</td></tr>
<tr><td colspan="3">路用性能分级</td><td>PG76-22</td><td>AASHTO M320-05</td></tr>
</table>

7.4　试验段施工

7.4.1　正式开工之前,应进行试验段施工。试验段应选择在经验收合格的主线下卧层上进行,长度为 100~200m。

7.4.2　通过试铺确定沥青洒布方式和洒布量、集料撒布方式和撒布量、碾压工艺及质量控制方法。

7.4.3　当使用的原材料,施工机械、施工方法符合要求,试验段各项检测结果符合规定后,编写试铺总结,经审批后作为申报正常路段开工的依据。

7.4.4　试验段经检验合格,作为正常路段的一部分,若不符合要求,经采取补救措施后仍无法满足使用功能的路段应铲除重铺。

7.5 施工要点

7.5.1 SBS改性沥青洒布及碎石的撒布

(1)施工前应调试同步碎石封层车,确保沥青膜厚度均匀,碎石撒布和沥青洒布两者匹配。

(2)SBS改性沥青洒布量采用(2.0±0.2)kg/m²,碎石撒铺量按满铺面积的60%~80%撒布,碎石不宜满铺,以下面层施工时沥青不粘轮,碎石不散失为准。

图7-3　SX-LM1分部同步碎石封层施工

(3)起步和终止位置应铺工程纸,以准确进行横向衔接,洒布车经过后应及时取走工程纸,纵向衔接应与已洒布部分重叠10cm左右。

(4)同步碎石封层车必须按照调试好的速度平稳、匀速行驶,见图7-3。

(5)沥青洒布后出现表面空白时,应及时进行人工补洒,沥青聚集时应刮除,当发现有油条时应及时检查,发现有泛油时应在泛油处补撒石料并扫匀,当有过多浮动石料时,应扫出路面,并不得搓动已黏着就位的石料。

(6)同步碎石封层车、胶轮压路机在正常行驶情况下,同步碎石封层不得有破损,见图7-4。

7.5.2 碾压

碎石撒布后应立即进行碾压作业,胶轮压路机应同时进行碾压,紧跟同步碎石撒布车,全宽碾压1~2遍,见图7-5。碾压时候每次轮迹重叠约30cm。碾压速度开始约2km/h,以后可稍微增大。从洒布SBS改性沥青到碾压完成宜在表7-4规定时间内完成。

图7-4　SG1-LM1分部同步碎石封层

图7-5　SG1-LM1分部同步碎石封层碾压

表 7-4 施工时间要求

下承层温度	完成碾压时间	下承层温度	完成碾压时间
40 ℃以上	20min	18 ~ 40 ℃	10min

7.5.3 SBS 改性沥青同步碎石封层施工应与上面层沥青混凝土紧凑进行，中间不开放交通，若期间必须开放交通，须待其施工完成 3h 后方可开放交通，但车速不宜超过 5km/h，不得急刹车或掉头，同时做好防尘防污染等。

7.5.4 在铺筑上层沥青混合料前，应对 SBS 改性沥青同步碎石封层进行清扫，彻底清除粒土、浮土以及没有黏结的松散碎石，避免影响与面层的黏结性能，清扫时严禁破坏同步碎石封层。同时，在其上施工沥青混凝土前须加洒黏层油，黏层油洒布量宜控制在 0.25kg/m^2（沥青质量）左右，具体根据试验段确定。

7.6 质量控制

7.6.1 准备工作：准备浇沥青的工作面，应整洁而无尘埃。监理工程师应对已准备好的工作面进行检查。铺筑下封层前，基层表面应经监理工程师验收，合格后才能铺筑。

7.6.2 气候条件：洒布沥青材料的气温不应低于 10℃，风速适度。浓雾或下雨天气不应施工。

7.6.3 喷洒温度：在正常温度下洒布，如气温较低，稠度较大的可适当加热。

7.6.4 SBS 改性沥青洒布量和碎石撒布量控制

（1）沥青洒布和洒布量控制

将要洒布沥青时，在标准尺寸矩形容器内置沥青油毡，称其质量并置于洒布车前 5 ~ 10m，待洒布车经过容器后立即取出再称其重，以此计算实际洒布量，再结合沥青洒布车电脑调节装置直到洒布至设计洒布量为止。

（2）碎石洒布和洒布量控制

将要洒布碎石时，取一标准尺寸矩形容器称其质量，并置于洒布车前已洒布沥青路面的路段最尾处，待洒布车经过容器后立即取出再称其重，以此计算实际洒布量，然后通过调节装置直至调到设计洒布量为止。如图 7-6所示的同步碎石封层质量较好，运料未出现起皮现象。

图 7-6 SG1-LM1 分部同步碎石封层

8　热拌沥青混合料面层

8.1　一般规定

8.1.1　本章适用于承包人在经监理工程师验收合格的基层、封层上，按照图纸和监理工程师指示铺筑中粒式沥青混凝土 AC-20C 的各项工作。

8.1.2　热拌沥青混合料面层施工（见图 8-1），应采用集中厂拌混合料、摊铺机摊铺、压路机碾压的施工工艺。

图 8-1　SX-LM2 分部路面下面层施工现场

8.1.3　在正式施工前，必须铺筑试验段，对施工工艺进行总结，试验段的质量检查频率应是正常路段的两倍。

8.1.4　各沥青层之间设置黏层，施工间隔时间应尽量缩短，做到连续施工并黏结成为整体。

8.1.5　沥青面层应在不低于 10℃ 气温下进行施工，同时严禁雨天、路面潮湿的情况下施工。施工期间，应注意天气变化，已摊铺的沥青层因遇雨未进行压实的应予以铲除。雨天过后，等下卧层完全干燥后方可进行沥青面层的施工。

8.2　施工准备

8.2.1　沥青混合料面层施工前的技术、机械、试验检测仪器、料场与材料及作业面等各项准备分别按本指南第 2.2 ~ 2.7 节执行。

8.2.2　沥青混合料拌和场

（1）拌和场应在其设计、协调配合和操作方面，都能使生产的沥青混合料符合工地配合比设计要求。拌和场必须配备有足够试验设备的试验室，能及时提供试验资料，并应将试验人员的资质及试验设备报请监理工程师批准。

(2)沥青混合料拌和设备

沥青混合料拌和机产量一般不低于400t/h,采用间歇式拌和机,必须配备计算机设备,能采集打印每盘的材料用量、温度等各种参数,作为计量支付、质量证明的依据。

拌和机设备在使用前,必须请计量部门对所有计量装置进行检验和标定,包括集料、矿粉、沥青电子秤的标定,冷料给料系统的标定,温度系统的标定。

冷料仓一般需配置6个以上,各冷料仓之间应用不低于1.5m的钢板分隔,以防冷料仓发生串料,最靠近烘干筒的冷料仓装最细集料,依粒径由小到大依次编号,冷料仓的集料用量比例由目标配合比确定,生产时,冷料仓应按一定比例和速度供料。要求冷料仓与输送带搭棚覆盖。

冷料仓流量调试,找出流量与集料规格、出料口开启大小、转速之间的关系,并用流量关系曲线表示,根据计算的集料用量,在曲线查得所需转速。

在1号冷料仓装满集料,冷料仓出料口大小根据集料粗细由经验确定大小,在水平皮带运输机选择某一转速,启动并开始计时,直至出料总重超过10t为止,并记录时间,根据称量总量及出料时间,计算出该转速的流量(t/h)。调整4~5种转速,测定每个转速下的流量,用同样方法测定其他冷料仓不同规格的集料在不同转速时的流量,绘制出各冷料仓转速流量关系曲线。

在实际生产中,由于集料组成的变化,含水率的不同,需根据热料仓实际筛分结果对冷料仓流量进行调整,以达到冷、热料仓供料匹配,避免溢料、等料现象。

干燥滚筒的烘干能力与其几何尺寸有关系,与集料颗粒大小及含水率也有关系,若集料含水率增加1%,烘干能力降低10%,为了保证产量,尽量保持集料干燥,特别是细集料。

燃料一般采用柴油和燃料油,燃料油一般由于含杂质多要加强过滤,要选择发热值高、能很好雾化、杂质少的燃料油。

经常检查红外线测温器的镜头是否清洁,保持良好的感应能力。

除尘装置必须采用二级除尘方式,一级除尘一般采用旋风式除尘器,二级除尘装置采用袋式除尘装置,一级除尘大于0.075mm的颗粒应回收利用,小于0.075mm的粉尘进入袋式除尘装置,并放入带水的废池中。

测出集料含0.075mm以下粉尘比例,每天生产完及时清理废池中的粉尘,并拉出拌和站。

振动筛要合理选择安装倾斜角度、振幅和振动频率。筛分能力应大于热碎拌提升机的生产能力。

振动筛筛孔尺寸可按冷料分级尺寸决定,也可根据热料仓容积比例和拌制沥青混合料配合比决定。

经常检查筛网是否破损、松动,以便及时更换振动筛。

热料仓一般配置4~5个。热料仓配置越多,生产出来的沥青混合料级配越稳定。

在拌和过程中,冷料仓和热料仓供料应相匹配,否则热料仓会出现等料和溢料现象。

搅拌缸衬板和搅拌叶片之间的间隙一般为8~10mm,当间隙大于20mm,应更换衬板和叶片。

每次工作结束时，先用热粗集料干拌一次，然后用细集料干拌一次，来清洗搅拌缸黏附的沥青。

拌和时间越长，拌和均匀性越好，但沥青易老化，最终由试验确定。

干燥滚筒的直径与长度应与搅和机生产能力相匹配。

在干燥滚筒的出料口处应装有测温仪，并在控制室内能显示。

选择燃料应考虑发热值高、燃烧热效率高、杂质少的燃料，如柴油等。

选择重油为燃料时，在燃烧之前应过滤其杂质。不得采用烧煤为燃料，原因是其发热值低，灰分多，温度不易控制。

计量控制系统采用自动控制方式，配置计算机监控系统对称量、搅拌、温度进行动态监控。

计量控制系统的调试由供应商的专业人员进行调试。

在计算机设定某一热料仓称重值，集料放入搅拌缸、用装载机在搅拌缸接料后称重，检查计算机打印数据与实际称重的误差。

(3)拌和场地布置，应保证热料运送距离合理，进出方便，电、水供应好，且远离居民区，并应符合《公路环境保护设计规范》(JTG B04—2010)的有关要求。

8.2.3　运料设备应采用干净有金属底板的自卸槽斗车辆运送混合料，车槽内不得沾有杂物。运输车辆应有保温措施，车槽四角应密封坚固。图 8-2 所示为沥青运输保温车。

图 8-2　沥青运输保温车

8.2.4　摊铺机械

(1)沥青混合料摊铺设备应是自动式的，安装有可调的熨平板或整平组件。熨平板在需要时可以加热，能按照规定的典型横断面和图纸所示的厚度在车道宽度内摊铺，摊铺机应有振动夯锤或可调整振幅的振动熨平板的组合装置，夯锤与振动熨平板的频率和振幅，应能各自单独的调整。

(2)摊铺沥青混合料时，摊铺机的摊铺速度应根据拌和机产量、施工机械配套情况及摊铺层厚度、宽度确定。

(3)摊铺机应配备熨平板自控装置，传感器可通过基准线自动发出信号来操纵熨平板，使摊铺机能铺筑出理想的纵横坡度和平整度。如图 8-3、图 8-4 所示。

8.2.5　压实机械

压实设备应配有钢筒式压路机、轮胎式及振动压路机，能按合理的压实工艺进行组合压实。还应备有监理工程师认可的小型振动压路机具，以用于压路机不便压实的地方。配置规格及数量应满足图纸和实际施工需要。

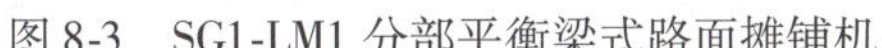

图 8-3 SG1-LM1 分部平衡梁式路面摊铺机

图 8-4 SX-LM2 分部平衡梁式路面摊铺机

8.2.6 应对沥青混合料拌和机、摊铺机、压路机等各种施工机械和设备进行调试，对机械设备的配套情况、技术性能、计量设备等进行检查或标定。

8.2.7 应准备施工过程中所需要的各种记录表格和现场温度、厚度检测设备，根据摊铺长度估算当日生产吨位，明确拌和场、施工现场、试验室责任联系人，实现拌和场与施工现场畅通联系、动态控制。

8.2.8 铺筑沥青面层前，应检查基层或下卧沥青层的质量，不符合要求的不得铺筑沥青面层。如基层出现裂缝，应根据裂缝的类型、成因、规模采取相应的处理方案。下卧层已被污染时，必须清洗或经铣刨处理后方可铺筑沥青混合料。

8.2.9 提前恢复中线，中面层桥头处和下面层摊铺前，中分带、路肩外侧直线段宜每10m 设一边桩，平曲线段宜每 5m 设一个边桩，中、上面层在中分带、路肩外边缘设置指示标志，应明显标记出施工桩号，用白灰画出各结构层的边缘线。

8.3 材料要求

8.3.1 粗集料

(1)粗集料为碎石。它应洁净、干燥、无风化、无杂质，具有足够的强度、耐磨耗性。

(2)热拌沥青混合料用的粗集料颗粒应接近立方体，在生产过程中必须水洗，不含泥土和粉尘，采用大型成套联合破碎机(不低于三级，其中反击破碎或冲击破碎不少于两级)轧制的碎石，应是承包人使用符合要求的机械和符合要求的片石轧制而成的碎石，且分级(2.36 ~4.75mm、4.75 ~9.5mm、9.5 ~19mm、19 ~26.5mm)加工堆放。用于轧制碎石的片石应不带风化层，不带泥土而且强度符合要求。

(3)粗集料的质量应符合表 8-1 的要求。

表 8-1　沥青面层用粗集料质量技术要求

<table>
<tr><th>指　　标</th><th colspan="2">要　　求</th><th>试验方法</th></tr>
<tr><td>压碎值(%)</td><td colspan="2">不大于 28</td><td>T 0316—2005</td></tr>
<tr><td>洛杉矶磨耗损失(%)</td><td colspan="2">不大于 30</td><td>T 0317—2005</td></tr>
<tr><td>对沥青的黏附性(级)</td><td colspan="2">不小于 5</td><td>T 0616—1993</td></tr>
<tr><td>表观相对密度</td><td colspan="2">不小于 2.5</td><td>T 0304—2005</td></tr>
<tr><td>水洗法小于 0.075mm 的颗粒含量(%)</td><td colspan="2">不大于 1</td><td>T 0310—2005</td></tr>
<tr><td>坚固性(硫酸钠)(%)</td><td colspan="2">不大于 12</td><td>T 0314—2000</td></tr>
<tr><td>吸水率(%)</td><td colspan="2">不大于 3</td><td>T 0304—2005</td></tr>
<tr><td>软石含量 (%)</td><td colspan="2">不大于 5</td><td>T 0320—2000</td></tr>
<tr><td rowspan="3">针片状颗粒含量(混合料)(%)
其中粒径大于 9.5mm
其中粒径小于 9.5mm</td><td colspan="2">不大于 15</td><td rowspan="3">T 0312—2005</td></tr>
<tr><td colspan="2">不大于 12</td></tr>
<tr><td colspan="2">不大于 18</td></tr>
<tr><td rowspan="2">具有一定数量破碎面颗粒的含量(%)</td><td>1 个及以上破碎面</td><td>不小于 90</td><td rowspan="2">T 0346—2000</td></tr>
<tr><td>2 个及以上破碎面</td><td>不小于 80</td></tr>
</table>

(4)粗集料的粒径规格应符合图纸要求,并按表 8-2 的要求选用。

表 8-2　沥青面层用粗集料的规格

<table>
<tr><th rowspan="2">规格</th><th rowspan="2">公称粒径(mm)</th><th colspan="7">通过各个筛孔(mm)的质量百分率(%)</th></tr>
<tr><th>31.5</th><th>26.5</th><th>19.0</th><th>13.2</th><th>9.5</th><th>4.75</th><th>2.36</th></tr>
<tr><td>S9</td><td>10 ~ 20</td><td>—</td><td>100</td><td>90 ~ 100</td><td>—</td><td>0 ~ 15</td><td>0 ~ 5</td><td>—</td></tr>
<tr><td>S12</td><td>5 ~ 10</td><td>—</td><td>—</td><td>—</td><td>100</td><td>90 ~ 100</td><td>0 ~ 15</td><td>0 ~ 5</td></tr>
</table>

8.3.2　细集料

(1)沥青混合料所需的细集料一般包括天然中粗砂、机制砂和粗集料加工的粒径为 0 ~ 2.36mm 部分。

中、粗砂应干净,无软弱颗粒,无杂质并满足规范的级配要求,含 0.075mm 以下的粉尘量小于 5%。

机制砂一般采用片石轧制,采用专用制砂机设备,并配置水洗装置,要求颗粒方正,并有一定级配,含 0.075mm 以下的粉尘量不超 6%。

粗集料加工时的 0 ~ 2.36mm 细集料,要求颗粒方正,含针片状颗粒少,通过轧石机吸尘设备后,含 0.075mm 以下的粉尘量不超过 10%。同时应加设 3mm 筛,将石屑按粒径分成0 ~ 2.36mm 和 2.36 ~ 4.75mm 两部分使用。使用时石屑的用量不应超过机制砂的用量。

(2)细集料应干净、坚硬、干燥、无风化、无杂质或其他有害物质,并有适当的颗粒级配。

(3)细集料的规格和质量技术要求,应符合表 8-3 及表 8-4 的要求。

表 8-3　细集料质量技术要求

技术指标	要　求	试验方法
表观相对密度	不小于 2.6	T 0329—2005
坚固性（>0.3mm 部分，硫酸钠）（%）	不大于 12	T 0340—2005
砂当量	不小于 70	T 0334—2005
亚甲蓝值（g/kg）	不大于 2.5	T 0349—2005
棱角性（流动时间）（s）	不小于 30	T 0345—2005

表 8-4　沥青混合料用细集料规格要求

类别	通过下列筛孔（方孔筛 mm）的质量百分率（%）							
	9.5	4.75	2.36	1.18	0.6	0.3	0.15	0.075
S16	—	100	80～100	50～80	25～60	8～45	0～25	0～10

注：1. 采用水洗法筛分。

2. 关于细集料中小于 0.075mm 颗粒含量的说明：对进场的拌和设备应事先标定经过二级除尘后各级热料仓中小于 0.075mm 的颗粒含量是否符合要求（0～3mm 热料仓中小于 0.075mm 颗粒含量不得超过 8%，其余各级热料仓中小于 0.075mm 颗粒含量不得超过 1%），如果设备之最大除尘能力仍不能满足此要求，应采取措施严格控制冷料加工过程中的粉尘含量，尤其是细集料中小于 0.075mm 颗粒的含量，并据此确定细集料中小于 0.075mm 颗粒含量的控制上限（将表中 0.075mm 筛孔通过率的上限 10% 下调，但不得上调）。

8.3.3　填料

（1）填料采用石灰岩石料磨制成的矿粉，不应含泥土杂质和团粒，要求干燥、洁净，其质量应符合表 8-5 的要求。

（2）经监理工程师批准，采用水泥、石灰等作为填料时，其用量不宜超过集料总量的 2%。

（3）矿粉罐应装备有破拱装置。

（4）拌和楼回收的粉料不能用于拌制沥青混合料。

表 8-5　沥青面层用矿粉质量技术要求

指　标		规　定　值
表观密度	不小于（t/m³）	2.5
含水率	不大于（%）	1
粒度范围	<0.6mm（%）	100
	<0.15mm（%）	90～100
	<0.075mm（%）	75～100
亲水系数		<1
塑性指数		<4
外观		无团粒结块
加热安定性		实测记录

8.3.4　抗剥落剂

(1)为保证沥青与集料间黏结力,提高抗水损害能力,要求采用增加沥青与集料间黏结力的措施,要求掺加抗剥落剂。抗剥落剂应满足:性能优良、稳定、持久且施工易于操作。沥青中加入抗剥落剂后,应进行一定老化(薄膜烘箱中加热96h,有条件时可再在压力老化仪PAV中进行)然后进行黏附性试验,经过初期老化后的混合料须进行浸水马歇尔试验、冻融劈裂试验,并满足相应技术要求。沥青在添加化学抗剥落剂后针入度变化不超过 -4 ~ +10 的范围。

(2)抗剥落剂添加设备:有专门的流体抗剥落剂加热存储保温罐,通过管道混合器在沥青进入拌和楼前与沥青同步混合,该装置能对抗剥落剂的流速测定并数显,且能进行总量累计显示,当该装置的流速设定完毕后,不能随意更改。

8.3.5　沥青

(1)使用的沥青材料为70号A级道路石油沥青。

(2)运到现场的每批沥青都应附有制造厂的证明和出厂试验报告,并说明装运数量、装运日期、订货数量等。

(3)沥青材料的技术要求应符合《公路沥青路面施工技术规范》(JTG F40—2004)表4.2.1-2的规定及满足本指南中表8-6中的相关要求,并取得监理工程师的批准。

表8-6　道路石油沥青70号A级技术要求

项　目			技术指标	测试方法
针入度(25℃)(0.1mm)			60 ~ 80	T 0604—2011
针入度指数PI			-1.5 ~ +1.0	T 0604—2011
延度(15 ℃)(cm)		最小	100	T 0605—2011
延度(10 ℃)(cm)		最小	15	T 0605—2011
软化点(℃)		最小	46	T 0606—2011
60℃动力黏度(Pa·s)		最小	180	T 0620—2000
含蜡量(蒸馏法)(%)		最大	2.2	T 0615—2011
闪点(℃)		最小	260	T 0611—2011
溶解度(%)		最小	99.5	T 0607—2011
薄膜烘箱加热后残留物	质量损失(%)	最大	±0.8	T 0610—2011
	针入度比(25 ℃)(%)	最小	61	T 0604—2011
	延度(5 ℃)(cm)	最小	6	T 0605—201
Superpave沥青结合料性能试验				
原样沥青			—	—
动态剪切(64℃)$G^*/\sin\delta$(kPa)		最小	1.0	T 0628—2011
旋转薄膜烘箱加热后			—	T 0610—2011
动态剪切(64℃)$G^*/\sin\delta$(kPa)		最小	2.2	T 0628—2011

续上表

项　　目		技术指标	测试方法
压力老化后		—	T 0630—2011
动态剪切(25 ℃)$G^*/\sin\delta$(kPa)	最大	5 000	T 0628—2011
蠕变劲度(-12℃)(MPa)	最大	300	T 0627—2011
M值	最小	0.3	
路用性能分级		PG64-22	AASHTO M320-05

(4)承包人应于施工开始前28d将拟用的沥青样品和上述证明及试验报告提交监理工程师检验、批准。除监理工程师另有指示外,承包人不得在施工中以其他沥青替代。

(5)为加强对沥青进场质量的监控,承包人应对进场沥青按每车次进行取样,测定三大指标,并通知监理工程师对每车次沥青进行三大指标的抽检。同时承包人仍应按《公路工程沥青及沥青混合料试验规程》(JTG E20—2011)的规定进行沥青试验,试验内容应包含全部指标,取样频率应满足规范与设计规定。

(6)不同生产厂家、不同等级的沥青必须分开存放,不得混杂,并应有防水措施。

8.4 沥青混合料组成设计

8.4.1 沥青混合料各层应满足所在层位的功能性要求,便于施工,不容易离析。

8.4.2 各层沥青混合料的技术标准应符合《公路沥青路面施工技术规范》(JTG F40—2004)表5.3.3-1 ~ 表5.3.3-4的规定,沥青混合料的各种使用性能检验应符合其第5.3.4条的规定,同时须符合图纸要求。

8.4.3 承包人应按目标配合比设计、生产配合比设计和生产配合比验证三阶段进行沥青混合料的配合比设计。沥青混合料配合比的设计与检验应按《公路沥青路面施工技术规范》(JTG F40—2004)附录B、C或D规定的方法进行。

(1)目标配合比设计阶段

目标配合比设计目的是确定拌和楼冷料仓的供料比例、进料速度及试拌使用。

从成品料仓的各种不同粗细集料的不同位置分别取有代表性样品到试验室,将样品拌和均匀,按四分法取样,洗净烘干后,进行筛分试验,确定不同规格的粗细集料的实际颗粒组成,按筛分结果分别绘出各种集料的筛分曲线。

测定不同粒径的集料的毛体积密度、视密度和吸水率。在设计级配范围内选择粗、中、细不同配合比,根据成品料的颗粒组成进行试配,确定各种规格集料的比例。

根据经验,选择沥青用量,以0.5%间隔的油石比分别做马歇尔试验,测定试件密度并计算空隙率、沥青饱和度、矿料间隙率等物理指标进行体积分析,测定马歇尔稳定度及流值等物理力学性质,确定最佳沥青用量。

按沥青面层所选定的沥青混凝土类型,根据《公路沥青路面施工技术规范》

(JTG F40—2004)的规定,面层沥青混凝土应符合表8-7规定的马歇尔试验技术标准。

表8-7　热拌沥青混凝土马歇尔试验技术标准

试验项目			普通沥青混凝土 AC-20C
马歇尔试件击实次数			两面击实75次
空隙率 VV(%)			3~5
矿料间隙率 VMA(%)	设计空隙率3%	不小于	12
	设计空隙率4%	不小于	13
	设计空隙率5%	不小于	14
沥青饱和度 VFA(%)			65~80
稳定度(kN)		不小于	8.0
流值(mm)			2~4
车辙试验动稳定度(次/mm)		不小于	1 000
沥青与石料的黏附性(级)		不小于	5
残留稳定度(48h)(%)		不小于	80
冻融劈裂强度比(%)		不小于	75
-10℃弯曲试验破坏应变($\mu\varepsilon$)		不小于	2 000
渗水系数(mL/min)		不大于	120
路面现场空隙率(%)		不大于	7

注:1. 沥青混合料矿料间隙率(VMA,%)当马歇尔试件设计空隙率为3%、4%、5%时,AC-20分别为12、13、14;当设计空隙率不足整数时,用内插法确定要求的最小VMA。

2. 配合比设计中,粉胶比宜控制在0.6~1.6范围内。

由上述方法得到的目标配合比确定冷料仓的供料比例,进料速度和试拌使用。根据拌和机1h生产的混合料计算各冷料仓每小时供应量,通过调试冷料仓供料的转速来实现目标配合比。对同一拌和厂两台拌和机,如果使用相同品种的矿料,可使用同一目标配合比。目标配合比需经驻地监理工程师审查,报总监批准后才能进行生产配合比设计。如果某种矿料产地、品种发生变化,必须重新进行目标配合比设计。

(2)生产配合比阶段

在目标配合比确定以后,根据实际施工的拌和机进行生产配合比设计,生产配合比设计的目的是确定每个热料仓的比例,使进入拌和缸的各种集料组成符合要求的级配,每台拌和机均应进行生产配合比设计。

各冷料仓按目标配合比送料,集料通过烘干筒并通过二次除尘后,通过拌和机筛分进入各热料仓,从各个热料仓中逐一放料到装载机斗,卸在平地上,从不同部分取样到试验室,用四分法取样品进行筛分试验。

根据各热料仓集料的颗粒组成,确定生产配合比和各热料仓比例做生产配合比的马歇尔试验,取目标配合比设计的最佳油石比及其±0.3%三个油石比,确定生产配合比的最佳油石比。

(3)生产配合比验证阶段

按生产配合比确定的级配进行试拌,铺筑试验路。分析每次拌和各热料仓的质量、沥青用量和设置质量差异，并通过试拌决定拌和机的操作方式，如上料速度、拌和数量与拌和时间、拌和温度等。

分析每盘设置温度和出料温度差异。每盘分别取有代表性样品做抽提筛分试验和马歇尔试验，检验混合料级配和油石比、马歇尔指标、水稳性和高温稳定性。

8.4.4 承包人应提前28d向监理工程师提交拟用的沥青混合料级配、沥青结合料用量及沥青混合料稳定度、流值、空隙率、动稳定度、残留稳定度等各项技术指标的书面详细说明。在承包人提交的目标配合比未经监理工程师批准前，不得进入生产配合比设计。

8.4.5 如果承包人建议改变料源时，应在材料生产之前，把新的目标配合比设计报告监理工程师审批。审批新的工地拌和料级配时应做试验。

8.4.6 在沥青混合料配合比未被批准之前，不得进行下一步工序。未经监理工程师认可，批准的沥青混合料配合比和原材料品种不得更改。

8.4.7 生产配合比在经监理工程师审核后，承包人应组织相关专家对生产配合比进行评审。

8.5 试验段施工

8.5.1 试验段应选在具有代表性的主线直线段，采用两种或两种以上的试铺碾压方案，每种方案试验长度不少于150m。

8.5.2 试验段施工包括试拌和试铺两个阶段，需要决定以下内容：

(1)根据各种机械的施工能力相匹配的原则，确定适宜的施工机械，按生产能力决定机械数量与组合方式。

(2)通过试拌决定以下内容：

①拌和机的控制参数，如拌和数量、时间、温度及上料速度等。

②验证沥青混合料的配合比设计和沥青混合料的技术性质，决定正式生产用的矿料配合比和油石比。

(3)通过试验段决定以下内容：

①检验沥青混合料施工性能，评价是否利于摊铺和压实，要求混合料均匀不离析、不结块。

②摊铺机的操作方式，如摊铺温度、摊铺速度、初步振捣夯实的方法和强度、自动找平方式等。

③压实机具的选择、组合，压实顺序，碾压温度，碾压速度及遍数。

④施工缝处理方法。

⑤松铺系数。

(4)确定施工产量及作业段的长度。

(5)全面检查材料及施工质量是否符合要求。

(6)修订施工组织计划,确定施工组织及管理体系、质保体系、人员、机械设备、检测设备、通讯及组织方式。

8.5.3　在铺筑过程中检查施工工艺、技术措施是否符合要求,并记录试验与检测结果。

8.5.4　当使用的原材料和混合料、施工机械、施工方法符合要求,试验段各检测结果符合规定后,按附录 A 要求编写试铺总结,经审批后作为申报正常路段开工的依据。

8.5.5　试验段经检验合格,作为正常路段的一部分,若不符合要求,经采取补救措施后仍无法满足使用功能的路段应铲除重铺。

8.6　施工要点

8.6.1　沥青混合料拌和

(1)拌和时,宜控制每盘沥青混合料的重量使其大致保持一致,误差不超过 15% 为宜,同时每种规格的集料、矿粉和沥青都必须按批准的生产配合比准确计量,其计量误差应控制在规定的范围内。粗细集料应分类堆放和供料,取自不同料源的集料应分开堆放。每个料源的材料应进行抽样试验,并经监理工程师批准。

(2)严格掌握沥青和集料的加热温度以及沥青混合料的出厂温度。集料温度应比沥青温度高 10 ~ 15℃,热混合料成品在储料仓储存后,其温度下降不应超过 10℃,沥青混合料的施工温度控制范围见表 8-8。

表 8-8　沥青混合料的施工温度

项目		温度
沥青加热温度		150 ~ 160℃
混合料出厂温度		正常范围 150 ~ 165℃,超过 190℃者废弃
混合料运输到现场温度		不低于 145℃
摊铺温度	正常施工	不低于 135℃
	低温施工	不低于 150℃
开始碾压混合料内部温度	正常施工	140 ~ 150℃
	低温施工	不低于 145℃
碾压终了表面温度	胶轮压路机	不低于 80℃

(3)拌和楼控制室要逐盘打印沥青及各种矿料的用量和拌和温度,并定期对拌和楼的计量和测温进行校核;没有材料用量和温度自动记录装置的拌和机不得使用。

(4)拌和时间由试拌确定。必须使所有集料颗粒全部裹覆沥青结合料,并以沥青混合料拌和均匀为度。

(5)要注意目测检查混合的均匀性,及时分析异常现象。如混合料有无花白、冒青烟、粗细集料离析和结团等现象。如确认是质量问题,应作废料处理并及时予以纠正。在生产开始以前,有关人员要通过细致地观察室内试拌的混合料,熟悉本项目所用各种混合料的外观特征。

(6)每台拌和机每天上午、下午各取一组混合料试样做马歇尔试验和沥青燃烧试验或抽提筛分试验,检验油石比、矿料级配和沥青混凝土的物理力学性质。

油石比与设计值的允许误差-0.2 % ~ +0.3 %。

矿料级配与生产设计标准级配的允许差值:

0.075mm ±2%

≤2.36mm ±4%

≥4.75mm ±5%

(7)每天结束后,用拌和楼打印的各料数量,进行总量控制。以各仓用量及各仓筛分结果,在线抽查矿料级配;计算平均施工级配和油石比,与设计结果进行校核;以每天产量计算平均厚度,与路面设计厚度进行校核。同时计算沥青混合料的偏差是否在允许偏差范围内,见表8-9。

表8-9 热拌沥青混合料允许偏差

<table>
<tr><th colspan="2">项 目</th><th>检查频率及单点检验评价方法</th><th>允许偏差</th><th>试 验 方 法</th></tr>
<tr><td rowspan="9">矿料级配</td><td>0.075mm</td><td rowspan="3">逐盘在线检测</td><td>±2%</td><td rowspan="3">计算机采集数据计算</td></tr>
<tr><td>≤2.36mm</td><td>±4%</td></tr>
<tr><td>≥4.75mm</td><td>±5%</td></tr>
<tr><td>0.075mm</td><td rowspan="3">逐盘检查,每天汇总一次取平均值评定</td><td>±1%</td><td rowspan="3">《公路沥青路面施工技术规范》(JTG F40—2004)附录G总量检查</td></tr>
<tr><td>≤2.36mm</td><td>±2%</td></tr>
<tr><td>≥4.75mm</td><td>±2%</td></tr>
<tr><td>0.075mm</td><td rowspan="3">每台拌和机,每天1~2次,以2个点试样平均值评定</td><td>±2%</td><td rowspan="3">T 0725 抽提筛分与标准级配比较的差</td></tr>
<tr><td>≤2.36mm</td><td>±4%</td></tr>
<tr><td>≥4.75mm</td><td>±5%</td></tr>
<tr><td colspan="2" rowspan="3">沥青用量</td><td>逐盘在线检测</td><td>±0.3%</td><td>计算机采集数据计算</td></tr>
<tr><td>逐盘检查,每天汇总一次取平均值评定</td><td>±0.1%</td><td>《公路沥青路面施工技术规范》(JTG F40—2004)附录F总量检查</td></tr>
<tr><td>每台拌和机,每天1~2次,以2个点试样平均值评定</td><td>±0.3%</td><td>T 0722、T 0721</td></tr>
</table>

(8)材料的规格或配合比发生改变时,都应根据室内试验资料进行试拌。试拌时必须抽样检查混合料的沥青含量、级配组成和有关指标,并报请监理工程师批准。

8.6.2　沥青混合料运输

(1)自卸汽车在运输混合料前应清理干净车厢、车壁,并且在车壁喷洒隔离剂。隔离剂应均匀喷洒,且不得在车厢底部形成积液。

(2)采用数字显示插入式热电耦温度计检测沥青混合料的出厂温度和运到现场温度,插入深度要大于150mm,在运料卡车侧面中部设专用检测孔,孔口距车厢底面约300mm。运料车辆应加装保温板(图8-5),以确保沥青混合料运到现场温度符合施工要求。

图8-5　沥青保温车运输

(3)拌和机向运料车放料时,汽车应按车厢前、后、中的顺序装料,以减少粗集料的分离现象。

(4)沥青混合料运输车的运量应较拌和能力和摊铺速度有所富余,摊铺机前方应有5辆运料车等候卸料。

(5)运料车应有良好的篷布覆盖设施(图8-6、图8-7),卸料过程中继续覆盖直到卸料结束取走篷布,以避免污染环境。

图8-6　SG1-LM1分部沥青混凝土覆盖运输

图8-7　SX-LM2分部沥青混凝土运输及覆盖保温

(6)连续摊铺过程中,运料车在摊铺机前10~30cm处停住,不得撞击摊铺机。卸料过程中运料车应挂空挡,靠摊铺机推动前进。

(7)已经离析或结成团块或在运料车辆卸料时滞留于车上的混合料,以及低于规定铺筑温度或被雨水淋湿的混合料都应废弃。

(8)运至铺筑现场的混合料,应在当天或当班完成压实。

8.6.3　沥青混合料摊铺

(1)半刚性基层沥青路面的基层与沥青层宜在同一年内施工,以减少路面开裂。在清扫干净的基层上,也可先做下封层,以防止基层干缩开裂,同时保护基层免遭施工车辆破坏,宜在铺设下封层后的10~30d内开始铺筑沥青面层的底面层。在经监理工程师验收合格的基层上,方可铺筑沥青混合料。摊铺必须均匀、缓慢、连续不断地进行,这也是提高路面平整度最主要的措施。摊铺机的摊铺速度应根据拌和机的产量、施工机械配套情况及摊铺厚度、摊铺宽度，按 2 ~ 4m/min 予以调整选择，做到缓慢、均匀、不间断地摊铺。严禁任意以快速摊铺几分钟，然后再停下来等下一车料。用餐应分批轮换交替进行，切忌停铺用餐。争取做到每天收工停机一次。并在摊铺面层时必须采取措施防止层面之间被污染。除陡坡急弯摊铺方向沿上坡方向前进外，其余摊铺方向应与行车方向一致。

(2)用机械摊铺的混合料未压实前，施工人员不得进入踩踏。一般不用人工不断地整修，只有在特殊情况下，如局部离析，需在现场主管人员指导下，允许用人工找补或更换混合料，缺陷较严重时应予铲除，并调整摊铺机或改进摊铺工艺。

(3)下面层摊铺厚度采用钢丝引导的高程控制方式。钢丝为扭绕式，直径不小于 6mm，钢丝拉力大于 800N，每 10m 设一钢丝支架，弯道或结构物附近加密。采用两台摊铺机实施摊铺施工，靠中央分隔带侧摊铺机在前，左侧架设钢丝，摊铺机上安装横坡仪控制摊铺层横坡；后面摊铺机右侧架设钢丝，左侧在摊铺好的层面上走“雪橇”。两台摊铺机摊铺层的纵向接缝，应采用斜接缝，避免出现缝痕。通常应采用两台或两台以上摊铺机组成梯队联合摊铺，两台摊铺机前后的距离，一般为 10 ~ 20m。前后两台摊铺机轨道重叠 30 ~ 60mm。

(4)沥青混合料的摊铺温度应符合《公路沥青路面施工技术规范》(JTG F40—2004)表 5.6.6 的要求，并应随沥青的等级及气温的不同通过试验确定。

(5)摊铺机应调整到最佳工作状态，调好螺旋布料器两端的自动料位器，并使料门开度、链板送料器的速度和螺旋布料器的转速相匹配。螺旋布料器内混合料表面以略高于螺旋布料器 2/3 为度，使熨平板的挡板前混合料的高度在全宽范围内保持一致，避免摊铺层出现离析现象。

(6)要注意摊铺机接料斗的操作程序，以减少粗细料的离析，并避免运料车卸料时撞击摊铺机。

(7)摊铺机熨平板必须拼接紧密，不许存有缝隙，防止卡入粒料将铺面拉出条痕。摊铺时应调整好摊铺机熨平板的激振强度，使各块熨平板激振力相一致。以避免激振强度强弱不均使铺层粗、细料在表面和铺层下部分布不均，摊铺的初压实度不小于 85%。如图 8-8、图 8-9 所示。

图 8-8 SG1-LM1 分部下面层摊铺作业

图 8-9 SX-LM2 分部下面层铺筑

(8)对于铺面上所出现洞眼,应在碾压前用人工及时填入适量热沥青混合料,以达到平整。

(9)沥青混合料摊铺过程中随时检查其宽度、厚度、平整度、路拱及温度,对不合格之处应及时进行调整。

(10)对外形不规则、路面厚度不同、空间受到限制以及人工构造物接头等摊铺机无法工作的地方,经监理工程师批准可以采用人工铺筑混合料。

8.6.4　沥青混合料压实

(1)一个工作面应至少配置3台钢轮压路机、3台胶轮压路机,其中至少包括一台振荡钢轮压路机。

(2)混合料摊铺后应立即进行压实作业,见图8-10、图8-11。压实分初压、复压和终压(包括成形)三个阶段,为保证压实度和平整度,初压应在混合料不产生推移、开裂等情况下尽量在摊铺后较高温度下进行。初压严禁使用胶轮压路机,以确保面层横向平整度。每阶段的碾压速度应符合表8-10的要求。

图8-10　SG1-LM1分部路面下面层碾压

图8-11　SX-LM2分部路面下面层碾压

表8-10　热拌沥青混合料碾压速度(km/h)

压路机类型	初压		复压		终压	
	适宜	最大	适宜	最大	适宜	最大
钢轮压路机	1.5~2	3	2.5~3.5	5	2.5~3.5	5
胶轮压路机	—	—	3.5~4.5	8	4~6	8
振动压路机	1.5~2(静压)	5(静压)	4~5(振动)	5(振动)	2~3(静压)	5(静压)

(3)为避免碾压时混合料推挤产生拥包,碾压时应将驱动轮朝向摊铺机;碾压路线及方向不应突然改变;压路机起动、停止必须减速缓行,不准刹车制动。压路机折回不应处在同一横断面上。

(4)压路机不得在未碾压成形和未冷却的路段上转向、制动或停留,每天摊铺结束时施工机械应停放于已经冷却的路面上。同时,应采取有效措施,防止油料、润滑脂、汽油或其他杂质在压路机操作或停放期间落在路面上。

(5)压路机的碾压温度,应按试验路确定的碾压温度进行碾压,并应符合《公路沥青路面施工技术规范》(JTG F40—2004)表5.2.2的要求,并根据混合料种类、压路机、气温、层厚等情况经试压确定。在不产生严重推移和裂缝的前提下,初压、复压、终压都应在尽可能高的温度下进行。同时不得在低温状况下作反复碾压,以防石料棱角磨损、压碎、破坏集料嵌挤。

(6)碾压中应注意压路机的粘轮现象,对于钢轮压路机和胶轮压路机应分别采用各自相适应措施进行处理。

(7)宜对初压、复压、终压段落设置明显标志,便于驾驶员辨认。应设专岗对松铺厚度、碾压顺序、压路机组合、碾压遍数、碾压速度及碾压温度进行管理和检查,使面层做到既不漏压也不超压,保持全路段压实均匀。

(8)沥青混合料施工应按试验室标准密度和最大理论密度双控指标进行控制,即AC-20C压实度应大于试验室标准密度的97%,并大于最大理论密度的93%(对应现场空隙率为7%,实际现场空隙率应控制在4%~7%)。

(9)在压路机压不到的其他地方,应采用小型振动压路机或振动夯板把混合料充分压实,如图8-12所示。已经完成碾压的路面,不得修补表皮。

(10)桥面铺装不得采用振动碾压,应使用振荡式压路机。

(11)钢轮压路机碾压过程中,应使用洁净的可饮用水作为隔离剂,喷水量不宜过大,使钢轮表面湿润不粘轮为度。钢轮压路机喷水效果如图8-13、图8-14所示。面层铺筑后应封闭交通,如图8-15所示。

图8-12 采用小型压路机对临边部位压实

图8-13 SG1-LM1分部钢轮压路机自动喷水

8.6.5 路面平整度的控制

(1)各面层平整度的质量缺陷应及时得到弥补,否则将会影响上一级面层的平整度。应特别注意清除表面污染,保证表面清洁;应按规定做好桥头搭板前后、面层施工接缝和桥梁接缝等位置衔接。

(2)必须严格控制面层集料最大粒径的含量和级配的准确性,以减少压实系数的波动,从而保证路面平整度。

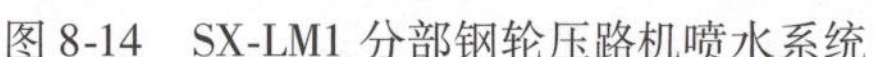

图 8-14　SX-LM1 分部钢轮压路机喷水系统

图 8-15　SX-LM2 分部面层铺筑后交通管制

(3)注意机械设备的调试和日常检修,应采用具有自动调整摊铺厚度装置(接触式或非接触式平衡梁)的摊铺机进行沥青面层施工;应注意减少压路机初压产生的推挤现象,保证平整度。

(4)合理确定拌和、运输的生产能力,和摊铺能力相匹配,以保证均匀、连续不断地摊铺。

8.6.6　施工接缝的处理

(1)纵向施工缝。采用两台摊铺机成梯队联合摊铺方式的纵向接缝,应采用热接缝。在前部已摊铺混合料部分留下 10～20cm 宽暂不碾压作为后高程基准面,并有 5～10cm 的摊铺层重叠,以热接缝形式在最后作跨接缝碾压以消缝迹。如果两台摊铺机相隔距离较短,也可做一次碾压。上下层纵缝应错开 15cm 以上。

(2)横向施工缝。全部采用平接缝。用 3m 直尺沿纵向位置,在摊铺段端部的直尺呈悬臂状,以摊铺层与直尺脱离接触处定出接缝位置,用锯缝机割齐后铲除;继续摊铺时,应将摊铺层锯切时留下的灰浆擦洗干净,涂上少量黏层沥青,摊铺机熨平板从接缝处起步摊铺;碾压时用钢筒式压路机进行横向压实,从先铺路面上跨缝逐渐移向新铺面层。

8.6.7　取样和试验

(1)沥青混合料应按《公路工程沥青及沥青混合料试验规程》(JTG E20—2011)规定的方法取样,以测定矿料级配、沥青含量。混合料的试样,每台拌和机应在每天进行 1～2 次取样,并按《公路沥青路面施工技术规程》(JTG F40—2004)中表 11.4.4 的规定进行检验。

(2)压实的沥青路面应按《公路路基路面现场测试规程》(JTG E60—2008)要求的方法钻孔取样,或用核子密度仪测定其压实度。

(3)所有试验结果均应报监理工程师审批。

8.7 质量控制

8.7.1 基本要求

(1)沥青混合料的矿料质量及矿料级配应符合设计要求和施工规范的规定。

(2)严格控制各种矿料和沥青用量及各种材料和沥青混合料的加热温度。

(3)拌和后的沥青混合料应均匀一致,无花白,无粗细料离析和结团成块现象。

(4)摊铺时应严格掌握厚度和平整度,细致找平,要注意控制摊铺和碾压温度,碾压至要求的密实度。

8.7.2 检查项目

(1)原材料的质量检查:包括沥青、粗集料、细集料、填料。

(2)混合料的质量检查:油石比、矿料级配、稳定度、流值、空隙率、残留稳定度;混合料出厂温度、运到现场温度、摊铺温度、初压温度、碾压终了温度;混合料拌和均匀性。

热料仓集料稳定性,每天取热料仓各级料做筛分试验,分析每个热料仓集料颗粒组成是否变化。

检查沥青混合料拌和时间、沥青加热温度、集料加热温度、沥青混合料出厂温度、运料车是否干净及保温措施。

检查回收粉尘是否废弃,矿粉添加量。每天上午和下午在运料车上或工地上取沥青混合料,一部分做抽提和筛分试验,一部分做马歇尔试验。

对沥青洒布车,沥青摊铺机、压路机等设备配套和运行状况进行检测,不符合要求设备要清理出场。

检查施工下承面是否干净、干燥和污染,透层是否破坏,黏层油是否补洒。

检查沥青混合摊铺温度、松铺厚度、压路机碾压遍数、摊铺机和压路机速度。检查沥青混合料均匀性。

每天完工第二天应对沥青路面的压实度、厚度、渗水系数、平整度、高程、横坡度进行检查,及时发现问题。

(3)面层质量检查:厚度、平整度、宽度、高程、横坡度、压实度、渗水系数、横向偏位。

沥青混凝土面层检查项目及检验标准见表8-11。

表8-11 沥青混凝土面层实测项目

序号	检查项目		规定值或允许偏差	检查方法(每幅车道)
1	压实度(%)		试验室标准密度的97% 最大理论密度的93%	按《公路工程质量检验评定标准 第一册 土建工程》(JTG F80/1—2004)附录B检查,每200m测1处
2	平整度	σ(mm)	1.2	平整度仪:全线每车道连续按每100m计算IRI或σ
		IRI(m/km)	2.0	
3	弯沉值(0.01mm)		符合设计要求	按《公路工程质量检验评定标准 第一册 土建工程》(JTG F80/1—2004)附录I检查

续上表

序号	检查项目		规定值或允许偏差	检查方法(每幅车道)
4	渗水系数		沥青混凝土路面 120mL/min	渗水试验仪:每 200m 测 1 处
5	抗滑	摩擦系数	符合设计要求	摆式仪:每 200m 测 1 处 横向力系数车:全线连续,按《公路工程质量检验评定标准　第一册　土建工程》(JTG F80/1—2004)附录 K 评定
		构造深度		砂铺法:每 200m 测 1 处
6	厚度(mm)	代表值	总厚度:设计值的 -5% 上面层:设计值的 -10%	按《公路工程质量检验评定标准　第一册　土建工程》(JTG F80/1—2004)附录 H 检查,双车道每 200m 测 1 点
		合格值	总厚度:设计值的 -10% 上面层:设计值的 -20%	
7	中线平面偏位(mm)		20	经纬仪:每 200m 测 4 点
8	纵断面高程(mm)		±15	水准仪:每 200m 测 4 断面
9	宽度(mm)	有侧石	±20	尺量:每 200m 测 4 处
		无侧石	不小于设计值	
10	横坡(%)		±0.3	水准仪:每 200m 测 4 断面

注:1. 表内压实度可选用其中的 1 个或 2 个评定标准,选用两个标准时,以合格率低的作为评定结果。
2. 表列厚度仅规定负允许偏差。其他公路的厚度代表值和合格值允许偏差按总厚度计,当总厚度≤60mm 时,允许偏差分别为 -5mm 和 -10mm;当总厚度 >60mm 时,允许偏差分别为总厚度的 -8% 和 -15%。

8.7.3 外观鉴定

(1)表面平整密实,无泛油、松散、裂缝和明显离析等现象(图 8-16)。

(2)表面无明显碾压轮迹。

(3)接缝紧密、平顺、烫缝不应枯焦。

(4)面层与路缘石及其他构筑物衔接平顺,无积水现象。

(5)沥青面层内部及表面的水要排除到路面范围之外,路面无积水或漏水现象。

图 8-16　SX-LM1 分部碎石封层及下面层铺筑

9　改性沥青及改性沥青混合料面层

9.1　一般规定

本章适用于承包人在已完成并经监理工程师验收合格的基层或其他沥青面层上，铺筑改性沥青混合料面层，包括 SBS 改性沥青玛蹄脂碎石 SMA-13、SBS 改性沥青混凝土 AC-20C 的各项工作。

9.2　施工准备

改性沥青混合料面层施工前的技术、机械、试验检测仪器、料场与材料及作业面等各项准备工作分别按本指南第 2.2 ~ 2.7 节和第 8.2 节执行。

9.3　材料要求

9.3.1　基质沥青

制造改性沥青的基质沥青应与改性剂有良好的配伍性，宜采用符合“道路石油沥青技术指标”要求的 90 号 A 级沥青，其质量应符合表 9-1 的技术要求。

表 9-1　道路石油 90 号 A 级沥青技术指标要求

项　　目		技术指标	测试方法
针入度(25 ℃)(0.1mm)		80 ~ 100	T 0604—2011
针入度指数 PI		-1.5 ~ +1.0	T 0604—2011
延度(15 ℃)(cm)		≥100	T 0605—2011
延度(10℃)(cm)		≥20	T 0605—2011
软化点(℃)		≥44	T 0606—2011
密度(15 ℃)(g/cm^3)		实测记录	T 0603—2011
含蜡量(蒸馏法)(%)		≤2.2	T 0615—2011
闪点(℃)		≥245	T 0611—2011
溶解度(%)		≥99.5	T 0607—2011
薄膜加热试验(163℃,5h)	质量损失(%)	-0.8 ~ +0.8	T 0609—2011
	针入度比 (%)	≥57	T 0604—2011
	延度 (10℃) (cm)	≥8	T 0605—2011

9.3.2　改性沥青

SBS改性沥青玛蹄脂碎石SMA-13及SBS改性沥青混凝土AC-20C采用成品SBS改性沥青，其路用性能等级应满足SHRP分级PG76-22的技术要求，符合表9-2中的要求。

表9-2　SBS改性沥青技术指标要求

项　目			技术指标	测试方法
针入度(25℃)(0.1mm)		最小	50	T 0604—2011
延度(5℃)(cm)		最小	20	T 0605—2011
软化点(℃)		最小	70	T 0606—2011
运动黏度(135℃)(Pa·s)		最大	3	T 0625—2011
闪点(℃)		最小	230	T 0611—2011
溶解度(%)		最小	99	T 0607—2011
离析,软化点差(℃)		最大	2.5	T 0661—2011
弹性恢复(25℃)(%)		最小	90	T 0662—2000
RTFOT后残留物	质量损失(%)	最大	±1.0	T 0610—2011
	针入度比(%)	最小	65	T 0604—2011
	延度(5℃)(cm)	最小	15	T 0605—2011
SHRP沥青结合料性能试验				
动态剪切(76℃,$G^*/\sin\delta$)(kPa)		最小	1.0	T 0628—2011
RTFOT试验后				T 0610—2011
动态剪切(76℃,$G^*/\sin\delta$)(kPa)		最小	2.2	T 0628—2011
压力老化后				T 0630—2011
动态剪切(31℃,$G^*/\sin\delta$)(kPa)		最大	5 000	T 0628—2011
蠕变劲度(-12℃)(MPa)		最大	300	T 0627—2011
*M*值		最小	0.3	
路用性能分级			PG76-22	AASHTO M320-05

9.3.3　集料

(1)粗集料

①SBS改性沥青玛蹄脂碎石SMA-13采用新鲜、坚硬、耐磨、洁净的玄武岩片石(图9-1)或辉长岩片石用大型联合碎石机(不少于三级，其中反击破不少于两级)轧制成的碎石，形状接近立方体，其技术指标符合表9-3要求。

表9-3　粗集料技术指标要求

指　标	要　求	试验方法
磨光值(PSV)	不小于42	T 0321—2005
压碎值(%)	不大于26	T 0316—2005

续上表

指　　标		要　　求	试 验 方 法
洛杉矶磨耗损失(%)		不大于28	T 0317—2005
针片状颗粒含量(%)	粗集料	不大于10	T 0312—2005
	粒径大于9.5mm部分	不大于8	
	粒径小于9.5mm部分	不大于12	
对沥青的黏附性(级)		不小于5	T 0616—1993
表观相对密度		不小于2.6	T 0304—2005
软弱颗粒含量(%)		不大于3	T 0320—2000
水洗法小于0.075mm的颗粒含量(%)		不大于1	T 0310—2005
坚固性(硫酸钠)(%)		不大于12	T 0314—2000
吸水率(%)		不大于2	T 0304—2005

图9-1　上面层玄武岩材料储备

②SBS改性沥青混凝土AC-20C采用新鲜、干净、坚硬、无风化、无杂质的石灰岩或卵砾石(粒径大于8cm)轧制的碎石,要求采用大型联合碎石机(不少于三级,其中反击破不少于两级)轧制,碎石形状应接近立方体,其技术指标应符合表9-4的要求。

表9-4　粗集料质量技术要求

指　　标	要　　求	试 验 方 法
压碎值(%)	≤28	T 0316—2005
洛杉矶磨耗损失(%)	≤30	T 0317—2005
对沥青的黏附性(级)	≥5	T 0616—1993
表观相对密度	≥2.5	T 0304—2005
水洗法小于0.075mm的颗粒含量(%)	≤1	T 0310—2005
坚固性(硫酸钠)(%)	≤12	T 0314—2000
吸水率(%)	≤3	T 0304—2005
软石含量(%)	≤5	T 0320—2000

续上表

指　标	要　求		试验方法
针片状颗粒含量(混合料)(%) 其中粒径大于9.5mm	≤15		T 0312—2005
	≤12		
	≤18		
具有一定数量破碎面颗粒的含量(%)	1个及以上破碎面	≥95	T 0346—2005
	2个及以上破碎面	≥80	

③粗集料应洁净、干燥、无风化、无有害杂质，且具有一定硬度和强度，及良好的近似立方体颗粒形状。

④为保证沥青与集料的黏结力，提高抗水损害能力，要求采用增加沥青与集料间黏结力的措施，要求掺加抗剥落剂。抗剥落剂应满足性能优良、稳定、持久，且施工易于操作的要求。沥青中加入抗剥落剂后，应进行一定老化（薄膜烘箱中加热96h，有条件时可在压力老化仪PAV中进行），然后进行黏附性试验，经过初期老化后的混合料须进行浸水马歇尔试验、冻融劈裂试验，并满足相应技术要求。要求集料与沥青的黏附性能达到5级。

（2）细集料

SBS改性沥青玛蹄脂碎石SMA-13细集料采用经专门设备加工的机制砂（新鲜的硬质石灰岩轧制）；SBS改性沥青混凝土AC-20C采用加工粗集料时产生的部分石屑和经专门设备加工的机制砂。细集料在加工过程中应吸尘或水洗；细集料中不得含有杂物。加工时应加设3mm筛，将石屑按粒径分成3～5mm和0～3mm两部分使用，应在破碎机上采取措施，使分得的3～5mm和0～3mm两种材料满足相应的规格要求。石屑用量不宜超过机制砂用量。细集料应耐嵌挤，颗粒饱满，且粉尘含量低，其技术指标应满足表9-5的要求，其规格应满足表9-6的要求。

表9-5　细集料质量技术要求

指　标	要　求	试验方法
表观相对密度	≥2.6	T 0329—2005
坚固性（>0.3mm部分，硫酸钠）(%)	≤12	T 0340—2005
砂当量	≥70	T 0334—2005
亚甲蓝值（g/kg）	≤25	T 0349—2005
棱角性（流动时间）(s)	≥30	T 0345—2005

表9-6　石屑及机制砂规格要求

规格	公称粒径(mm)	通过各个筛孔(mm)的质量百分率(%)							
		9.5	4.75	2.36	1.18	0.6	0.3	0.15	0.075
S16	0～3	—	100	80～100	50～80	25～60	8～45	0～25	0～10

注：1.采用水洗法筛分。

2.关于细集料中小于0.075mm颗粒含量的说明：对进场的拌和设备应事先标定经过二级除尘后各级热料仓中小于0.075mm的颗粒含量是否符合要求（0～3mm热料仓中小于0.075mm颗粒含量不得超过3%，其余各级热料仓中小于0.075mm颗粒含量不得超过1%），如果设备之最大除尘能力仍不能满足此要求，应采取措施严格控制冷料加工过程中的粉尘含量，尤其是细集料中小于0.075mm颗粒的含量，并据此确定细集料中小于0.075mm颗粒含量的控制上限（将表中0.075mm筛孔通过率的上限10%下调，但不得上调）。

9.3.4 填料

(1)必须采用石灰岩等憎水性石料经磨细的矿粉,原石料中的泥土杂质应除净,拌和机回收的粉料不得用于拌制沥青混合料。

(2)矿粉应干燥、洁净,能自由地从矿粉仓流出,其质量应符合《公路沥青路面施工技术规范》(JTG F40—2004)表4.10.1和图纸要求,以及本指南中表9-7要求。

表9-7 沥青面层用矿粉质量技术要求

指标		要求	试验方法
表观密度(t/m^3)		≥2.5	T 0352—2000
含水率(%)		≤1	T 0332—1994
颗粒范围	<0.6mm(%)	100	T 0351—2000
	<0.15mm(%)	90~100	T 0351—2000
	<0.075mm(%)	75~100	T 0351—2000
亲水系数		<1	T 0353—2000
塑性指数(%)		<4	T 0354—2000
加热安定性		实测记录	T 0355—2000
外观		无团粒结块	观察

9.3.5 抗剥落剂

为保证沥青与集料间黏结力,提高抗水损害能力,要求采用增加沥青与集料间黏结力的措施,要求掺加抗剥落剂。抗剥落剂应满足性能优良、稳定、持久,且施工易于操作的要求。沥青中加入抗剥落剂后,应进行一定老化(薄膜烘箱中加热96h,有条件时可再在压力老化仪PAV中进行),然后进行黏附性试验,经过初期老化后的混合料须进行浸水马歇尔试验、冻融劈裂试验,并满足相应技术要求。沥青在添加化学抗剥落剂后针入度变化不超过-4或+10的范围。

抗剥落剂添加设备:有专门的流体抗剥落剂加热存储保温罐,通过管道混合器在沥青进入拌和楼前与沥青同步混合,该装置能测定并数显抗剥落剂的流速,且能进行总量累计显示,当该装置的流速设定完毕后,不能随意更改。

9.3.6 纤维稳定剂

采用木质素纤维,要求其吸附沥青的能力强,施工分散性好,单位质量的纤维根数多,木质素纤维应选用原木浆生产的纤维。掺量按沥青混合料总量的质量百分率计,絮状木质素纤维的掺量不得少于0.3%,颗粒状木质素纤维的掺量不得少于0.4%。质量应符合表9-8的要求。纤维应在250℃的干拌温度下不变质、不发脆。

表 9-8　木质素纤维稳定剂质量技术要求

试验项目		技术指标	试验方法
木质素纤维	纤维长度	不大于 6mm	水溶液用显微镜观测
	灰分含量	18% ±5%，无挥发物	高温 590～650℃燃烧后，测定残留物
	pH 值	7.5 ±1.0	水溶液用 pH 试纸或 pH 计测定
	吸油率	不小于纤维质量的 5 倍	用煤油浸泡后，放在筛上，经振敲后称量
	含水率	不大于 5%（质量百分比）	105℃烘箱加热 2h 后，冷却称样
	耐热性	颜色、体积基本无变化，热失重不大于 6%	210℃，2h

9.4　改性沥青试验及储存

9.4.1　改性沥青的试验

成品改性沥青应附有产品的说明书，并注明产品名称、代号、等级、运输、储放条件、使用方法、生产工艺、安全须知等。承包人使用前应取样进行检验，确认无明显分离、凝聚现象，且各项性能指标均符合上述要求，报监理工程师批准后方可使用。

图 9-2　沥青热拌站及沥青储料罐——改性沥青存储

9.4.2　改性沥青的储存

成品改性沥青的储存（图 9-2）应符合规定的要求，储存时间不得超过保质期。经检验确认已经发生离析的改性沥青不得使用。

9.5　改性沥青混合料配合比设计

9.5.1　改性沥青玛蹄脂碎石 SMA-13

（1）改性沥青玛蹄脂碎石 SMA-13 用于路面表面层。

（2）用于表面层的改性沥青玛蹄脂碎石 SMA-13 混合料的矿料级配以及试验指标应符合表 9-9、表 9-10 的要求。

表 9-9　SMA-13 混合料级配范围

规格	通过各个筛孔（mm）的质量百分率（%）									
	16	13.2	9.5	4.75	2.36	1.18	0.6	0.3	0.15	0.075
SMA-13	100	90～100	50～75	20～34	15～26	14～24	12～20	10～16	9～15	8～12

表 9-10 SMA-13 马歇尔试验配合比设计的技术要求

试验项目		SMA-13
击实次数(次)		双面各击 75
稳定度(kN)	不小于	6.0
流值(0.1mm)		—
空隙率(%)		3~4
粗集料骨架间隙率 VCA_{mix}	不大于	VCA_{DRC}
沥青饱和度(%)		75~85
矿料间隙率(%)	不小于	17
沥青与石料的黏附性(级)	不低于	5
谢伦堡沥青析漏试验结合料损失(%)	不大于	0.1
肯塔堡沥青混合料飞散试验混合料损失(20℃)(%)	不大于	15
残留马歇尔稳定度(48h)(%)	不小于	85
冻融劈裂强度比(%)	不小于	80
渗水系数(mL/min)	不大于	80
动稳定度(次/mm)	不小于	5 000
-10℃弯曲试验破坏应变($\mu\varepsilon$)	不小于	2 500
构造深度(mm)	不小于	0.8
路面空隙率(%)	不大于	6

注:1. 混合料配合比设计步骤:①初选级配应满足 VCA_{mix}、VMA 的要求;②在初选级配的基础上,确定满足目标空隙率要求的最佳沥青用量;③采用车辙试验、肯塔堡飞散试验、谢伦堡析漏、冻融劈裂试验(试件的成型孔隙控制在6% ±1%)和浸水马歇尔试验、低温弯曲试验对混合料配合比进行验证。如验证不合格,应调整结合料用量或调整级配组成。

2. 渗水系数的指标值同样适用于现场质量控制。

9.5.2 中粒式改性沥青混凝土 AC-20C

(1)中粒式改性沥青混凝土 AC-20C 用于中面层。

(2)中粒式改性沥青混凝土 AC-20C 的矿料级配以及试验指标应符合表 9-11、表 9-12的要求。

表 9-11 AC-20C 混合料级配范围及沥青用量

规格	通过各个筛孔(mm)的质量百分率(%)											
	26.5	19	16	13.2	9.5	4.75	2.36	1.18	0.6	0.3	0.15	0.075
AC-20C	100	90~100	74~90	62~82	50~70	32~46	22~36	16~28	10~22	6~16	4~12	3~7

表 9-12 AC-20C 混合料技术要求

试验项目	SBS 改性沥青混凝土 AC-20C
马歇尔试件击实次数	两面击实 75 次
空隙率 *VV*(%)	3~5

续上表

试 验 项 目			SBS 改性沥青混凝土 AC-20C
矿料间隙率 VMA(%)	设计空隙率 3%	不小于	12
	设计空隙率 4%	不小于	13
	设计空隙率 5%	不小于	14
沥青饱和度 VFA(%)			65～80
稳定度(kN)		不小于	9.0
流值(mm)			2～4
车辙试验动稳定度(次/mm)		不小于	3 000
−10℃弯曲试验破坏应变($\mu\varepsilon$)		不小于	2 500
沥青与石料的黏附性(级)		不小于	5
残留稳定度(48h)(%)		不小于	85
冻融劈裂强度比(%)		不小于	80
渗水系数(mL/min)		不大于	120
路面现场空隙率(%)		不大于	7

9.5.3　承包人应按目标配合比设计、生产配合比设计和生产配合比验证三阶段进行沥青混合料的配合比设计。

1)改性沥青玛蹄脂碎石 SMA-13

(1)目标配合比设计阶段

目标配合比设计目的是确定拌和楼冷料仓的供料比例、进料速度及试拌使用。

①从成品料仓的各种不同粗细集料的不同位置分别取有代表性样品到试验室，将样品拌和均匀，按四分法取样，洗净烘干后，进行筛分试验，确定不同规格的粗细集料的实际颗粒组成，按筛分结果分别绘出各种集料的筛分曲线。

②在设计级配范围内选择粗、中、细不同配合比，根据成品料的颗粒组成进行试配，确定各种规格集料的比例。

③测定不同粒径的集料的毛体积密度和视密度、吸水率，计算初试级配矿料的合成毛体积相对密度、合成表观密度、有效相对密度。

④用捣实法测定粗集料骨架的松方毛体积相对密度，计算粗集料混合料的平均毛体积相对密度和粗集料松装间隙率 VCA_{DRC}。

⑤根据计算方法或经验，选择初试沥青用量进行马歇尔试验。用表干法测定毛体积相对密度，计算 SMA-13 混合料的最大理论相对密度，其中的纤维部分的比例不得忽略。计算 SMA-13 马歇尔试件的粗集料骨架间隙率 VCA_{mix}、空隙率 VV、集料间隙率 VMA、沥青饱和度 VFA 等指标。

⑥从粗、中、细 3 组初试级配中选择符合 $VCA_{mix} < VCA_{DRC}$ 及 $VMA > 16.5\%$ 要求的级配，根据所选初试级配和初试油石比试验的空隙率结果，以 0.2%～0.4% 为间隔，调整出

3个不同的油石比分别做马歇尔试验,测定试件密度并计算空隙率、沥青饱和度、矿料间隙率等物理指标进行体积分析,测定马歇尔稳定度及流值等物理力学性质,确定最佳沥青用量。

⑦进行高温稳定性、水稳定性、低温抗裂性能检验,沥青析漏试验,肯特堡飞散试验。

⑧由以上得到的目标配合比确定冷料仓的供料比例、进料速度和试拌使用。

⑨根据拌和机1h生产的混合料计算各冷料仓每小时供应量,通过调试冷料仓供料的转速来实现目标配合比。

(2)生产配合比阶段

在目标配合比确定以后,根据实际施工的拌和机进行施工配合比设计,生产配合比设计的目的是确定每个热料仓的比例,使进入拌和缸的各种集料组成符合级配要求。

①确定各热料仓矿料和矿粉的用量。各冷料仓按目标配合比送料,集料通过烘干筒并通过二次除尘后,通过拌和机筛分进入各热料仓,从各个热料仓中逐一放料到装载机斗,卸在平地上,从不同部分取样到试验室,用四分法取样品进行筛分试验。根据筛分结果,通过计算使矿料的级配符合目标配合比设计级配和规范要求,并特别注意使0.075mm、4.75mm和9.5mm的筛孔通过量控制接近SMA-13目标配合比设计级配。

②确定最佳油石比。根据各热料仓集料的颗粒组成,确定生产配合比和各热料仓比例,做生产配合比的马歇尔试验,取目标配合比设计的最佳油石比及其±0.3%三个油石比,制备马歇尔试件,计算试件的VMA、VCA、VV和VFA,确定生产配合比的最佳油石比。

③生产配合比的检验。用以上生产配合比,进行沥青析漏试验、肯特堡飞散试验和残留马歇尔稳定度检验。

(3)试拌阶段

按生产配合比确定的级配进行试拌,一般试拌5~8盘。

①分析每次拌和各热料仓的质量、沥青用量、纤维稳定剂用量和设置质量差异。

②分析每盘设置温度和出料温度差异。

③每盘分别取有代表性样品做抽提筛分试验和马歇尔试验,检验混合料级配和油石比、马歇尔指标、SMA-13混合料体积指标,水稳性和高温稳定性,进行沥青析漏试验、肯特堡飞散试验。

(4)关于改性沥青玛蹄脂碎石马歇尔室内试验中几点统一做法

①配合比设计中,拌制改性沥青玛蹄脂碎石时需采用小型沥青混合料拌和机,以模拟生产实际情况。每组试件不少于6个。

②试件成型温度应符合表9-13的规定。

表9-13 改性沥青玛蹄脂碎石试拌与击实温度

矿料加热温度	170~175℃	试模预热温度	160~170℃
沥青加热温度	160~170℃	试件开始击实温度	155~165℃
沥青混合料拌和温度	160~170℃	试件成型终了温度	不低于145℃

③改性沥青玛蹄脂碎石试件毛体积相对密度用表干法测定。

④每天用各原材料总量比例计算混合料最大理论相对密度，并与生产配合比计算值进行验证，差值不应大于0.005，否则应分析原因，论证后取值。

⑤试件的配料、拌和均应单个进行，以确保试验结果的一致性。

⑥改性沥青玛蹄脂碎石生产检验时，从拌和机上取样后立即制备试件，不允许试样冷却后再次加热成型试件。

2）改性沥青 AC-20C

（1）目标配合比设计阶段

目标配合比设计目的是确定拌和楼冷料仓的供料比例、进料速度及试拌使用。

从成品料仓的各种不同粗细集料的不同位置分别取有代表性样品到试验室，将样品拌和均匀，按四分法取样，洗净烘干后，进行筛分试验，确定不同规格的粗细集料的实际颗粒组成，按筛分结果分别绘出各种集料的筛分曲线。

测定不同粒径的集料的毛体积密度和视密度、吸水率。在设计级配范围内选择粗、中、细不同配合比，根据成品料的颗粒组成进行试配，确定各种规格集料的比例。

根据经验选择沥青用量，以0.5%间隔的油石比分别做马歇尔试验，测定试件密度并计算空隙率、沥青饱和度、矿料间隙率等物理指标进行体积分析，测定马歇尔稳定度及流值等物理力学性质，确定最佳沥青用量。

由以上得到的目标配合比确定冷料仓的供料比例、进料速度和试拌使用。根据拌和机1h生产的混合料计算各冷料仓每小时供应量，通过调试冷料仓供料的转速来实现目标配合比。对同一拌和厂两台拌和机，如果使用相同品种的矿料，可使用同一目标配合比。目标配合比需经驻地监理工程师审查，报总监批准后才能进行生产配合比设计。如果某种矿料产地、品种发生变化，必须重新进行目标配合比设计。

（2）生产配合比阶段

在目标配合比确定以后，根据实际施工的拌和机进行生产配合比设计，生产配合比设计的目的是确定每个热料仓的比例，使进入拌和缸的各种集料组成符合要求的级配，每台拌和机均应进行生产配合比设计。

各冷料仓按目标配合比送料，集料通过烘干筒并通过二次除尘后，通过拌和机筛分进入各热料仓，从各个热料仓中逐一放料到装载机斗，卸在平地上，从不同部分取样到试验室，用四分法取样品进行筛分试验。

根据各热料仓集料的颗粒组成，确定生产配合比和各热料仓比例，做生产配合比的马歇尔试验，取目标配合比设计的最佳油石比及其±0.3%三个油石比，确定生产配合比的最佳油石比。

（3）生产配合比验证阶段

按生产配合比确定的级配进行试拌，铺筑试验路。分析每次拌和各热料仓的质量、沥青用量和设置质量差异，并通过试拌决定拌和机的操作方式，如上料速度、拌和数量与拌和时间、拌和温度等。

分析每盘设置温度和出料温度差异。每盘分别取有代表性样品做抽提筛分试验和马歇尔试验，检验混合料级配和油石比、马歇尔指标、水稳性和高温稳定性。

9.5.4 承包人应在28d前向监理工程师提交拟用的沥青混合料级配、沥青结合料用量及沥青混合料稳定度、流值、空隙率、动稳定度、残留稳定度等各项技术指标，并作出书面详细说明。在承包人提交的目标配合比未经监理工程师批准前，不得进入生产配合比设计阶段。

9.5.5 监理工程师应与监理试验室一起完成对承包人目标配合比、生产配合比的验证工作，在使用之前承包人应组织专家对配合比进行评审，未经监理试验室验证通过的配合比不得使用。

9.5.6 沥青拌和温度应根据施工配合比所确定的温度或厂家推荐温度选取。

9.5.7 如果承包人建议改变料源时，应在材料生产之前，把新的目标配合比设计报告监理工程师审批。审批新的工地拌和料级配时应做试验，每一次评价至少需要14d时间。

9.5.8 在沥青混合料未被批准之前，不得进行下一步工序。未经监理工程师认可，不得更改已批准的沥青混合料配合比和原材料品种。

9.6 改性沥青玛蹄脂碎石SMA-13施工要点

9.6.1 一般规定

(1)应具有下承层的“中间交工证书”。

(2)应具有经监理工程师批准的该层沥青混合料配合比设计资料和开工报告。

(3)对下承层应彻底清扫(冲洗)干净，并均匀洒布黏层沥青。

(4)严格控制摊铺层的设计高程、厚度、平整度、横坡度和压实度。

(5)根据气温情况严格控制混合料的施工温度。

(6)严格控制各道工序的质量，上道工序的质量未经检验合格并经监理工程师签认，不得进行下道工序的施工。

(7)气温10℃以下或雨天不得进行改性沥青混合料路面施工。未压实而被雨淋的沥青混合料应铲除废弃，不得回收利用。

(8)集料应有篷盖，防止被雨水淋湿。

(9)注意机械设备检修调试，保证其正常运转。应储备够使用半月以上的经检验合格的各种材料。

(10)木质素纤维或矿物纤维必须在室内架空堆放，严格防潮，保持干燥。

(11)对木质素纤维或矿物纤维添加设备进行计量标定,纤维添加设备不得受潮。

(12)改性沥青混合料路面施工应符合《公路沥青路面施工技术规范》(JTG F40—2004)第5章的相关规定和图纸要求。

9.6.2　施工温度

改性沥青混合料的施工温度,应根据所用改性沥青的黏度与温度关系曲线确定,并参照《公路沥青路面施工技术规范》(JTG F40—2004)的表5.2.2-3的规定。改性沥青混合料的最低摊铺温度应不低于《公路沥青路面施工技术规范》(JTG F40—2004)中表5.6.6的规定和图纸要求。

9.6.3　拌和

(1)粗、细集料应严格分类堆放和供料。不同料源即使粒径相同的集料也应分开堆放,且不能混合使用。每个料源的材料应进行抽样试验,并经监理工程师批准。

(2)必须严格按批准的配合比进行配料,并应将集料充分烘干。

(3)回收的粉尘不得利用,应全部废弃在指定地点进行处理,防止污染环境。

(4)应严格控制拌和温度,不得超过195℃,超过时必须废弃。

(5)木质素纤维的分散拌匀非常重要,应采取有效措施保证纤维的干燥和充分分散拌匀。对于松散的絮状纤维应能自动打散上料,在矿料投入后喷入沥青的同时,一次性喷入拌和机内,拌和时间宜延长5s以上;对于颗粒状纤维则与矿料同时加入,并干拌5~10s(应能充分分散),再投入矿粉;湿拌时间一般较沥青混合料增加不少于5s,总的湿拌时间不少于45s。

(6)采用人工添加木质素纤维易产生由于人为因素而少加或多加的现象,从而影响SMA-13的使用品质,因此必须采用机械添加木质素纤维,且应预先进行计量标定,同时应防止输送管道堵塞。

(7)由于沥青可能会离析,SMA-13混合料不应在储料仓里储备时间过长,改性沥青混合料储存时间不应超过24h。

(8)出厂的沥青混合料应逐车用经过标定的地磅称重,同时测量其温度,签发运料单,归档备查。

(9)如发现其配合比偏差过大或性能指标不合格时应立即通知停机,查明原因,予以调整。

(10)拌和场应逐盘打印各种材料用量及预热温度、拌和温度与时间、沥青混合料重量与出厂时间等数据资料,进行总量控制。以各仓用量及各仓筛分结果,在线检查矿料级配;计算平均施工级配和油石比,与设计结果进行校核,以每天产量计算平均厚度,与路面设计厚度进行校核。并定期对拌和楼的计量系统进行校核。

(11)要严格控制油石比和矿料级配,避免因油石比不当而产生泛油和松散现象。每台拌和机开拌后的每天上午、下午各取一组混合料试样做马歇尔试验和抽提筛分试验,检验油石比、矿料级配和改性沥青玛蹄脂碎石的物理力学性质,每周应检验1~2次残留稳定度。

(12)拌和楼应配备添加抗剥落剂、木质素纤维的自动添加设备,且计量系统准确。

9.6.4　运输

(1)拌和机向运料车放料时,汽车应按车厢前、后、中的顺序装料,以减少粗集料的分离现象。宜采用较大吨位的运料车运输,但不得超载运输,或紧急制动、急转弯掉头,以免对透层、封层造成损伤。运量应较拌和能力和摊铺速度有所富余,摊铺机前方应有4辆以上运料车等候卸料,以便摊铺机能按一定速度连续摊铺,不得停机待料。

(2)运料车辆应加装保温板,以确保沥青混合料运到现场时的温度符合施工要求。每次使用前后必须清扫干净,在车厢板上涂一薄层防止沥青黏结的隔离剂或防黏剂,但不得有余液积聚在车厢底部。图9-3所示为沥青运输保温车。

图9-3　沥青运输保温车

(3)运料车进入摊铺现场时,轮胎上不得粘有泥土等可能污染路面的脏物。连续摊铺过程中,运料车在摊铺机前10～30cm处停住,不得撞击摊铺机。卸料过程中运料车应挂空挡,靠摊铺机推动前进。

(4)运料车每次卸料必须倒净,如有剩余,应及时清除,防止硬结。

9.6.5　试验路铺筑

(1)改性沥青玛蹄脂碎石面层铺筑前均应做试铺路段。每个施工单位,通过合格的改性沥青玛蹄脂碎石组成设计,拟定试铺路面铺筑方案,经总监办审查报总监批准后,铺筑试验路段。试验路铺筑长度应不小于300m,且宜在直线段上铺筑。

(2)施工单位应组织参加路面施工各方面人员,包括试验、机械、运料车驾驶员、前场路面工、压路机手、摊铺机手、测量人员、后场人员等进行路面培训和技术交底。

(3)通过试拌确定拌和机冷料上料速度、加料程序、矿粉的加料方式、纤维的添加方式和计量方式、拌和产量、干拌和湿拌的拌和时间、拌和温度等。

(4)通过试铺确定各种施工机械数量及组合方式、运输车辆吨位和数量、压路机数量。

(5)确定摊铺机的操作方式,以及摊铺方法、摊铺温度、摊铺速度、初步振捣夯实的方法和强度、自动找平方式、松铺系数。

(6)改性沥青玛蹄脂碎石面层的压实是一道关键工序,应在改性沥青玛蹄脂碎石面层的碾压过程中采取"紧跟、慢压、高频、低幅"的碾压方式。因此在试铺段试铺过程中,通过试压获得所要求压实度而制定适宜的压实工艺与压实程序,包括明确具体的碾压时间、压实顺序、碾压温度、碾压速度、静压与振动碾压最佳遍数、压路机类型组合、压路机型号与吨位、压路机振幅、频率与行走速度的组合等。

(7)验证沥青混合料生产配合比设计,提出生产用的配合比及最佳沥青用量。

(8)确定施工组织及管理体系、质量保证体系、人员、设备协调方式。

(9)取样抽提,筛分检测沥青混合料的矿料级配、油石比,取样成型试件进行马歇尔试验,现场钻孔取样测定密度,检测渗水系数、构造深度等。

图 9-4　SX1-LM2 分部 SMA-13 上面层

(10)根据以上施工、试验、检测结果,确定施工产量及作业段的长度,修订施工组织计划,全面检查材料及施工质量是否符合要求,对施工过程中存在的问题及质量缺陷提出整改措施。经检测各项技术指标均符合规定,施工单位应立即提出试铺路面总结报告。由驻地监理工程师审核,经总监办审查后,报总监批准,即可作为申报正式开工的依据。图 9-4 为铺筑的 SX1-LM2 分部 SMA-13 上面层。

9.6.6　摊铺

(1)摊铺机应根据摊铺宽度配置合理长度的螺旋布料器和熨平板,布料器外侧螺旋到挡板的距离不应超过 30cm;

(2)摊铺机应调整到最佳工作状态,调试好螺旋布料器两端的自动料位器,并使料门开度、链板送料器的速度和螺旋布料器的转速相匹配。

(3)摊铺时螺旋布料器的料量应控制在 2/3 螺旋高度附近,使熨平板的挡料板前混合料在全宽范围内均匀分布,并在每天起步前就应将料量调整好,再实施摊铺,避免摊铺层出现离析现象;并随时分析、调整粗细料是否均匀,检测松铺厚度是否符合规定。摊铺前应将熨平板预热至规定温度(不低于 100℃),摊铺时熨平板应采用中强夯等级,使铺面的初始压实度不小于 85%。摊铺机熨平板必须拼接紧密,不许存有缝隙,防止卡入粒料将铺面拉出条痕。

(4)连续稳定的摊铺是提高路面平整度最主要的措施。宜采用两台摊铺机梯队摊铺,以提高摊铺层均匀性和压实度。摊铺机的摊铺速度应根据拌和机的产量、施工机械配套情况及摊铺厚度来选择,一般按 2 ~ 3m/min 予以调整,做到缓慢、均匀、不间断地摊铺。不应任意以快速摊铺几分钟,然后再停下来等下一车料。用餐应分批轮换交替进行,切忌停铺用餐,争取做到每天收工停机一次。

(5)由两台摊铺机联合作业实施摊铺,前摊铺机过后,摊铺层纵向接缝上应呈斜坡,后面摊铺机应跨缝 5 ~ 10cm 摊铺。两台摊铺机距离不应超过 10m。要注意两台摊铺机的横坡一致。

(6)上面层找平一般采用自动找平装置,可选择的有浮动式基准梁、超声波自动找平仪、激光扫描自动找平仪。摊铺机行走基面要清扫干净,以免影响自动调平精度。

(7)随时检测摊铺厚度,以便调整,每车需检测摊铺温度,并做好记录。

(8)用机械摊铺的混合料未压实前,施工人员不得进入踩踏。一般不用人工不断地整修,只有在特殊情况下,需在现场主管人员指导下,允许用人工找补或更换混合料,缺陷较严重时应予铲除,并调整摊铺机或改进摊铺工艺。

(9)要注意摊铺机接料斗的操作程序,以减少粗细料离析。摊铺机集料斗应在刮板尚未露出,尚有约10cm厚的热料时,下一辆运料车即开卸料,做到连续供料,并避免粗料集中。

(10)摊铺应选择在当日高温时段进行,路表温度低于15℃时不宜摊铺。摊铺遇雨时,立即停止施工,并清除未压实成形的混合料。遭受雨淋的混合料应废弃,不得卸入摊铺机摊铺。

(11)在摊铺过程中应随时观察摊铺机的工作状态和摊铺层的外观质量,出现异常且调节无效时,应立即停机查明原因,进行调整。对不合格的摊铺层经过整修仍不达标时,应铲除重铺。

(12)在摊铺过程中应跟踪检测质量,发现缺陷应"趁热"修补;修补不好的应刨除重铺。

(13)在没有其他负面影响的前提下,应将熨平板的振频振幅调整到摊铺层的压实度达到85%,且以高频低幅为宜。图9-5为SG-LM分部上面层SMA-13摊铺现场。

a)

b)

图9-5 SG2-LM分部上面层SMA-13摊铺

9.6.7 压实

(1)沥青混合料的压实是保证面层质量的重要环节,混合料摊铺后无明显质量缺陷时,应随即按照试验段确定的压实设备和工艺进行碾压,防止因降温而影响压实密度。改性沥青SMA混合料的碾压设备一般采用大吨位的双钢轮振动压路机,为保证连续压实,建议不宜少于5台。遵循"紧跟、慢压、高频、低幅"的碾压方式。通常可采用如下的碾压组合:钢轮静压1遍+钢轮振压4遍+钢轮静压收迹1~2遍。改性沥青混合料一般应在温度降至120℃前结束碾压作业。

(2)初压应尽量在较高温度下进行,复压应紧跟初压。在初压和复压过程中,宜采用同型号压路机并列成梯队压实,不宜采用首尾相接的纵列方式。采用振动压路机压实改性沥青 SMA 混合料时,压路机轮迹重叠宽度不应超过 20cm,当采用静载压路机时,压路机的轮迹应重叠 1/4 ~ 1/3 碾压宽度。当出现黏轮现象时,不得向压路机涂油或油水混合液,必要时可喷涂清水或皂水。

(3)压路机应以缓慢而均匀的速度碾压,压路机适宜的碾压速度随初压、复压、终压及压路机的类型而别,可通过试铺确定,一般情况下,初压 2 ~ 4km/h,复压 3 ~ 5km/h。

(4)为避免碾压时混合料推挤产生拥包,碾压时应将驱动轮朝向摊铺机;碾压路线及方向不应突然改变;压路机起动、停止必须减速缓行,不准刹车制动。压路机折返时应呈梯形,不应处在同一横断面上。

(5)要对初压、复压、终压段落设置明显标志,便于驾驶员辨认。对松铺厚度、碾压顺序、压路机组合、碾压遍数、碾压速度及碾压温度应设专岗管理和检查,使面层做到既不漏压也不超压。改性沥青 SMA 混合料的施工温度应满足表 9-14 的要求。

表 9-14　改性沥青玛蹄脂碎石施工温度

矿料加热温度	180 ~ 200℃	摊铺温度	不低于 165℃,低于 140℃废弃
沥青加热温度	165 ~ 175℃	初压温度	不低于 160℃
沥青混合料出厂温度	175 ~ 185℃,超过 195℃废弃	复压温度	140 ~ 150℃
运到现场温度	不低于 165℃	终压温度	不低于 120℃

在压实度达到马歇尔密度的 98% 以上,或者路面现场空隙率不大于 6% 后,不再做过度碾压。如碾压过程中发现有沥青玛蹄脂上浮或集料压碎、棱角明显磨损等过碾现象时,应停止碾压。

改性沥青混合料碾压较困难,需要更多的压实功,应尽可能提高碾压温度和振动频率,在其不稳定温度区以上获得足够的密度。如果在规定温度内还未压实,则应改用胶轮压路机碾压,不能用钢轮碾,更不能起振,防止推移破坏。

改性沥青混合料碾压过程中,应密切注意压实度的变化情况,既要达到压实标准,又要防止过度碾压而破坏集料的棱角嵌挤,或出现弹簧现象。

碾压时,压路机不得中途停留、转向或紧急制动。当压路机来回交替碾压时,前后两次停留地点应相距 10m 以上,并应驶出压实起始线 3m 以外。

SMA 路面除试验证明采用胶轮压路机碾压有良好效果外,不宜采用胶轮压路机碾压,以防止将沥青结合料搓揉挤压上浮。

SMA 路面宜采用振动压路机或钢筒式压路机碾压,振动压路机的碾压应遵循“高温、紧跟、匀速、慢压、高频、低幅、先边、后中”的原则。

(6)改性沥青 SMA 混合料在碾压过程中,可以发现混合料能在高温状态下用振动压路机碾压而不产生推拥,碾压成形后表面有足够的构造深度又基本上不透水。

(7)在当天碾压的尚未冷却的沥青混凝土层面上,不得停放压路机或其他车辆,并防止矿料、油料和杂物散落在沥青层面上。

(8)压实完成12h后,方能允许施工车辆通行。

9.6.8 油斑的成因及处理方法

在SMA路面摊铺、辗压成形过程中,路面可能会出现油斑。产生油斑的原因有以下几点:

(1)运输距离较远,SMA混合料中骨料与沥青产生离析。

(2)SMA混合料温度过高,改性沥青发生老化。

(3)纤维掺加剂拌和不均匀。

(4)拌和时间太短,SMA混合料拌和不够充分。

(5)用油量过高。

(6)压路机碾压遍数过多,使路面超压。

(7)拌和料(特别是纤维掺加剂)及路表含有一定的水分。

(8)摊铺机等料时间过长及运料车积压过多,发生沥青析漏。

摊铺中出现的油斑应及时铲除并用热料填补,碾压中出现的油斑,应及时在油斑区域洒机制砂。

9.6.9 施工接缝的处理

(1)纵向施工缝:对于采用两台摊铺机成梯队联合摊铺方式的纵向接缝,应在前部已摊铺混合料部分留下10~20cm宽暂时不碾压,作为后高程基准面,并有5~10cm的摊铺重叠,以热接缝形式在最后作跨缝碾压清除缝迹。上中层纵缝应错开15cm以上,并避开轮迹带。

(2)横向施工缝;每天施工结束前,摊铺机在摊铺最后路面时,尽量把沥青混合料摊铺在一个断面上,并辅以人工将断面修整齐,压路机碾压完毕后,用3m直尺沿沥青路面纵面放置,找出平整度变化点,一个断面测4~5个点,选择最后一点位置,垂直于纵向用3m直尺画线,用切割机沿划线切割,并将此部分料铲除、清扫。第二次施工在横向接缝处人工均匀洒黏结油,接缝要保持干燥、干净,不得有水和杂物。横向接缝碾压,先用钢轮横向碾压,压路机主机位于已施工完的沥青路面上,伸入新铺沥青混合料层15~20cm,碾压一遍后,检查平整度,看是否补料或打除一部分料,处理完毕后再进行碾压,每碾压一遍,压路机向新铺路面移动20~30cm,直到压路机全部在新铺路面上为止。

9.7 改性沥青AC-20C施工要点

9.7.1 拌和

(1)拌和时,宜控制每盘沥青混合料的质量使其大致保持一致,误差不超过15%为宜,同时每种规格的集料、矿粉和沥青都必须按批准的生产配合比准确计量,其计量误差应控制在规定的范围内。

(2)严格掌握沥青和集料的加热温度以及沥青混合料的出厂温度。集料温度应比沥青温度高10～15℃,热混合料成品在储料仓储存后,其温度下降不应超过10℃,沥青混合料的施工温度控制范围:改性沥青混合料的矿料温度180～200℃;沥青温度为165～175℃,混合料出厂温度为175～185℃,初碾温度不低于160℃,终压温度(钢轮压路机)不低于120℃。废料温度控制:改性沥青混合料温度高于195℃时应废弃。表面碾压终了温度不低于90℃。热拌沥青混合料必须自然冷却,温度低于50℃方可摊铺上层或开放交通。

(3)拌和楼控制室要逐盘打印沥青及各种矿料的用量和拌和温度,并定期对拌和楼的计量和测温进行校核;没有材料用量和温度自动记录装置的拌和机不得使用。

(4)拌和时间由试拌确定。必须使所有集料颗粒全部裹覆沥青结合料,并以沥青混合料拌和均匀为度。

(5)要注意目测检查混合的均匀性,及时分析异常现象。如混合料有无花白、冒青烟和离析等现象。如确认是质量问题,应作废料处理并及时予以纠正。在生产开始以前,有关人员要通过细致地观察室内试拌的混合料,熟悉本项目所用各种混合料的外观特征。

(6)每台拌和机每天上午、下午各取一组混合料试样做马歇尔试验和沥青燃烧试验或抽提筛分试验,检验油石比、矿料级配和沥青混凝土的物理力学性质。

油石比与设计值的允许误差-0.2%～+0.3%。

矿料级配与生产设计标准级配的允许差值:

0.075mm　　±2%

≤2.36mm　　±4%

≥4.75mm　　±5%

(7)每天结束后,用拌和楼打印的各料数量,进行总量控制。以各仓用量及各仓筛分结果,在线抽查矿料级配;计算平均施工级配和油石比,与设计结果进行校核;以每天产量计算平均厚度,与路面设计厚度进行校核。同时计算沥青混合料的偏差是否在允许偏差范围内,见表9-15。

表9-15　热拌沥青混合料允许偏差

<table>
<tr><th colspan="2">项　目</th><th>检查频率及单点检验评价方法</th><th>允许偏差</th><th>试验方法</th></tr>
<tr><td rowspan="9">矿料级配</td><td>0.075mm</td><td rowspan="3">逐盘在线检测</td><td>±2%</td><td rowspan="3">计算机采集数据计算</td></tr>
<tr><td>≤2.36mm</td><td>±4%</td></tr>
<tr><td>≥4.75mm</td><td>±5%</td></tr>
<tr><td>0.075mm</td><td rowspan="3">逐盘检查,每天汇总一次取平均值评定</td><td>±1%</td><td rowspan="3">《公路沥青路面施工技术规范》(JTG F40—2004)附录G总量检查</td></tr>
<tr><td>≤2.36mm</td><td>±2%</td></tr>
<tr><td>≥4.75mm</td><td>±2%</td></tr>
<tr><td>0.075mm</td><td rowspan="3">每台拌和机,每天1～2次,以2个点试样平均值评定</td><td>±2%</td><td rowspan="3">T 0725 抽提筛分与标准级配比较的差</td></tr>
<tr><td>≤2.36mm</td><td>±4%</td></tr>
<tr><td>≥4.75mm</td><td>±5%</td></tr>
</table>

续上表

项 目	检查频率及单点检验评价方法	允许偏差	试 验 方 法
沥青用量	逐盘在线检测	±0.3%	计算机采集数据计算
	逐盘检查，每天汇总一次取平均值评定	±0.1%	《公路沥青路面施工技术规范》(JTG F40—2004)附录F总量检查
	每台拌和机，每天1~2次，以2个点试样平均值评定	±0.3%	T 0722、T 0721

(8)材料的规格或配合比发生改变时，都应根据室内试验资料进行试拌。试拌时必须抽样检查混合料的沥青含量、级配组成和有关指标，并报请监理工程师批准。

9.7.2 运输

(1)采用数字显示插入式热电耦温度计检测沥青混合料的出厂温度和运到现场温度。插入深度要大于150mm。在运料卡车侧面中部设专用检测孔，孔口距车厢底面约300mm。

(2)拌和机向运料车放料时，汽车应前后移动，分几堆装料，以减少粗集料的分离现象。

(3)沥青混合料运输车的运量应较拌和能力和摊铺速度有所富余，摊铺机前方应有5辆运料车等候卸料。

(4)运料车应有良好的篷布覆盖设施，卸料过程中继续覆盖直到卸料结束取走篷布，以便保温或避免污染环境。

(5)连续摊铺过程中，运料车在摊铺机前10~30cm处停住，不得撞击摊铺机。卸料过程中运料车应挂空挡，靠摊铺机推动前进。

(6)已经离析或结成团块或在运料车辆卸料时滞留于车上的混合料，以及低于规定铺筑温度或被雨水淋湿的混合料都应废弃。

(7)运至铺筑现场的混合料，应在当天或当班完成压实。

9.7.3 摊铺

(1)半刚性基层沥青路面的基层与沥青层宜在同一年内施工，以减少路面开裂。在清扫干净的基层上，可先做下封层，以防止基层干缩开裂，同时保护基层免遭施工车辆破坏，宜在铺设下封层后的10~30d内开始铺筑沥青面层的底面层。在经监理工程师验收合格的基层上，方可铺筑沥青混合料。摊铺必须均匀、缓慢、连续不断地进行，这是提高路面平整度最主要的措施。摊铺机的摊铺速度应根据拌和机的产量、施工机械配套情况及摊铺厚度、摊铺宽度，按2~4m/min予以调整选择，做到缓慢、均匀、不间断地摊铺。严禁任意以快速摊铺几分钟，然后再停下来等下一车料。用餐应分批轮换交替进行，切忌停铺用餐。争取做到每天收工停机一次。并在摊铺面层时必须采取措施防止层面之间被污染。

(2)用机械摊铺的混合料未压实前,施工人员不得进入踩踏。一般不用人工不断地整修,只有在特殊情况下,如局部离析,需在现场主管人员指导下,允许用人工找补或更换混合料,缺陷较严重时应予铲除,并调整摊铺机或改进摊铺工艺。

(3)中面层摊铺厚度采用钢丝引导的高程控制方式。钢丝为扭绕式,直径不小于6mm,钢丝拉力大于800N,每5m设一钢丝支架。采用两台摊铺机实施摊铺施工,靠中央分隔带侧摊铺机在前,左侧架设钢丝,摊铺机上安装横坡仪控制摊铺层横坡;后面摊铺机右侧架设钢丝,左侧在摊铺好的层面上走“雪橇”。两台摊铺机摊铺层的纵向接缝,应采用斜接缝,避免出现缝痕。通常应采用两台或两台以上摊铺机组成梯队联合摊铺,两台摊铺机前后的距离,一般为10～20m。前后两台摊铺机轨道重叠30～60mm。

(4)沥青混合料的摊铺温度应符合《公路沥青路面施工技术规范》(JTG F40—2004)表5.6.6的要求,并应随沥青的等级及气温的不同通过试验确定。

(5)摊铺机应调整到最佳工作状态,调好螺旋布料器两端的自动料位器,并使料门开度、链板送料器的速度和螺旋布料器的转速相匹配。螺旋布料器内混合料表面以略高于螺旋布料器2/3为度,使熨平板的挡板前混合料的高度在全宽范围内保持一致,避免摊铺层出现离析现象。

(6)要注意摊铺机接料斗的操作程序,以减少粗细料的离析,并避免运料车卸料时撞击摊铺机。

(7)摊铺机熨平板必须拼接紧密,不许存有缝隙,防止卡入粒料将铺面拉出条痕。摊铺时应调整好摊铺机熨平板的激振强度,使各块熨平板激振力相一致。以避免激振强度强弱不均使铺层粗、细料在表面和铺层下部分布不均,摊铺的初压实度≥85%。图9-6所示为沥青中面层铺筑现场。

图9-6　沥青中面层铺筑

(8)对于铺面上所出现洞眼,应在碾压前用人工及时填入适量热沥青混合料,以达到平整。

(9)沥青混合料摊铺过程中随时检查其宽度、厚度、平整度、路拱及温度,对不合格之处应及时进行调整。

(10)对外形不规则、路面厚度不同、空间受到限制以及人工构造物接头等摊铺机无法工作的地方,经监理工程师批准可以采用人工铺筑混合料。

9.7.4　压实

(1)混合料摊铺后应立即进行压实作业,见图9-7。压实分初压、复压和终压(包括成形)三个阶段,为保证压实度和平整度,初压应在混合料不产生推移、开裂等情况下尽量在摊铺后较高温度下进行。初压严禁使用胶轮压路机,以确保面层横向平整度。每阶段的碾压速度应符合表9-16要求。

表 9-16 热拌沥青混合料碾压速度(km/h)

压路机类型	初压		复压		终压	
	适宜	最大	适宜	最大	适宜	最大
钢轮压路机	1.5~2	3	2.5~3.5	5	2.5~3.5	5
胶轮压路机	—	—	3.5~4.5	8	4~6	8
振动压路机	1.5~2(静压)	5(静压)	4~5(振动)	4~5(振动)	2~3(静压)	5(静压)

(2)为避免碾压时混合料推挤产生拥包,碾压时应将驱动轮朝向摊铺机;碾压路线及方向不应突然改变;压路机起动、停止必须减速缓行,不准刹车制动。压路机折回不应处在同一横断面上。

图 9-7 中面层碾压

(3)压路机不得在未碾压成形和未冷却的路段上转向、制动或停留,每天摊铺结束时施工机械应停放于已经冷却的路面上。同时,应采取有效措施,防止油料、润滑脂、汽油或其他杂质在压路机操作或停放期间落在路面上。

(4)压路机的碾压温度,应按试验路确定的碾压温度进行碾压,并应符合《公路沥青路面施工技术规范》(JTG F40—2004)表 5.2.2 的要求,并根据混合料种类、压路机、气温、层厚等情况经试压确定。在不产生严重推移和裂缝的前提下,初压、复压、终压都应在尽可能高的温度下进行。同时不得在低温状况下做反复碾压,以防石料棱角磨损、压碎、破坏集料嵌挤。

(5)碾压中应注意压路机的黏轮现象,对于钢轮压路机和胶轮压路机应分别采用各自相适应措施进行处理。

(6)宜对初压、复压、终压段落设置明显标志,便于驾驶员辨认。应设专岗对松铺厚度、碾压顺序、压路机组合、碾压遍数、碾压速度及碾压温度进行管理和检查,使面层做到既不漏压也不超压,保持全路段压实均匀。

(7)沥青混合料施工应按试验室标准密度和最大理论密度双控指标进行控制,即 AC-20C 压实度应大于试验室标准密度的 97%,并大于最大理论密度的 93%(对应现场空隙率为 7%,实际现场空隙率应控制在 4% ~7%)。

(8)在压路机压不到的其他地方,应采用小型振动压路机或振动夯板把混合料充分压实。已经完成碾压的路面,不得修补表皮。

(9)桥面铺装不得采用振动碾压,应使用振荡式压路机。

9.7.5 气候条件

(1)沥青混合料的摊铺应避免在雨季进行。当路面滞水或潮湿时,应暂停施工。

(2)当施工气温低于 10℃时,不得进行沥青面层施工。

(3)未经压实即遭雨淋的沥青混合料应全部清除,更换新料。所发生的一切费用由承包人负担。

9.7.6　路面平整度的控制

(1)各面层平整度的质量缺陷应及时得到弥补,否则将会影响上一级面层的平整度。应特别注意清除表面污染,保证表面清洁;应按规定做好桥头搭板前后、面层施工接缝和桥梁接缝等位置衔接。

(2)必须严格控制面层集料最大粒径的含量和级配的准确性,以减少压实系数的波动,从而保证路面平整度。

(3)注意机械设备的调试和日常检修,应采用具有自动调整摊铺厚度装置(接触式或非接触式平衡梁)的摊铺机进行沥青面层施工;应注意减少压路机初压产生的推挤现象,保证平整度。

(4)合理确定拌和、运输的生产能力,应与摊铺能力相匹配,以保证均匀、连续不断地摊铺。

9.7.7　施工接缝的处理

(1)纵向施工缝。采用两台摊铺机成梯队联合摊铺方式的纵向接缝,应采用斜接缝。在前部已摊铺混合料部分留下 10 ~ 20cm 宽暂不碾压作为后高程基准面,并有 5 ~ 10cm 的摊铺层重叠,以热接缝形式在最后作跨接缝碾压以消缝迹。如果两台摊铺机相隔距离较短,也可做一次碾压。上下层纵缝应错开 15cm 以上。

(2)横向施工缝。全部采用平接缝。用 3m 直尺沿纵向位置,在摊铺段端部的直尺呈悬臂状,以摊铺层与直尺脱离接触处定出接缝位置,用锯缝机割齐后铲除;继续摊铺时,应将摊铺层锯切时留下的灰浆擦洗干净,涂上少量黏层沥青,摊铺机熨平板从接缝处起步摊铺;碾压时用钢筒式压路机进行横向压实,从先铺路面上跨缝逐渐移向新铺面层。

9.7.8　取样和试验

(1)沥青混合料应按《公路工程沥青及沥青混合料试验规程》(JTG E20—2011)规定的方法取样,以测定矿料级配、沥青含量。混合料的试样,每台拌和机应在每天进行 1 ~ 2 次取样,并按《公路沥青路面施工技术规范》(JTG F40—2004)中表 11.4.4 的规定进行检验。

(2)压实的沥青路面应按《公路路基路面现场测试规程》(JTG E60—2008)要求的方法钻孔取样,或用核子密度仪测定其压实度。

(3)所有试验结果均应报监理工程师审批。

9.8　质量控制

9.8.1　基本要求

(1)基质沥青及改性剂和各种集料均应符合图纸及规范要求。

(2)改性沥青混合料级配及各项技术指标应符合图纸和规范要求。

(3)拌和后的混合料均匀一致,无花白、离析和结团现象。

(4)改性沥青混合料碾压后达到规定的压实度要求。

9.8.2 检查项目

(1)原材料的质量检查:包括沥青、粗集料、细集料、填料、木质素纤维或矿物纤维、抗剥落剂等。

(2)混合料的质量检查:油石比、矿料级配、稳定度、流值、空隙率、残留稳定度、动稳定度、冻融劈裂、析漏、分散;混合料出厂温度、运到现场温度、摊铺温度、初压温度、碾压终了温度;混合料拌和均匀性。

(3)面层质量检查:厚度、平整度、宽度、横坡度、压实度、横向偏位;摊铺的均匀性,同时还应进行构造和摆式摩擦系数的跟踪检测。

(4)施工压实度的检测以钻孔法为准,用核子仪检查时应通过以钻孔密度的标定关系进行换算,标定关系须经总监办批准,钻孔检测频率按设计要求规定取样,芯样可由监理组、施工单位共用,分别进行相关试验检测。

(5)面层混合料的离析包括沥青混合料的温度离析和沥青混合料的级配离析。离析可以暂时作如下控制:

①施工过程中采用红外温度探测器检测的温度差不应超过20℃。

②构造深度的大值与平均值之比不应超过1.5。

10　水泥混凝土面层

10.1　一般规定

10.1.1　水泥混凝土面层应采用强制拌和楼集中拌和,滑模摊铺机摊铺的施工工艺,当条件受限时,可采用三辊轴机组方式施工。在滑模摊铺机和三辊轴机组无法作业的局部位置,应采用小型机具施工。

10.1.2　水泥混凝土面层施工前,必须进行混凝土配合比设计,配合比设计过程包括试验室配合比、施工配合比以及施工配合比微调与控制。

10.1.3　在正式施工前,必须铺筑试验段,对施工工艺进行总结,试验段的质量检查频率应是正常路段的两倍。

10.1.4　混凝土拌和物应满足可摊铺性、匀质性和质量的稳定性,利于施工。

10.1.5　水泥混凝土面层施工如遇下述条件之一不得施工:现场降雨;风力大于6级,风速在10.8m/s以上的强风天气;现场气温高于40℃或拌和物摊铺温度高于35℃;摊铺现场连续5昼夜平均气温低于5℃;最低气温低于-3℃。

10.2　施工准备

10.2.1　水泥混凝土面层施工前的技术准备、机械准备、试验检测仪器准备、料场与材料准备及作业面准备分别按本指南第2.2~2.7节执行。

10.2.2　基准线设置

(1)滑模摊铺混凝土面层的施工应设置基准线。基准线设置形式有单向坡双线式、单向坡单线式和双向坡双线式三种。

(2)基准线宽度除应保证摊铺宽度外,应满足两侧650~1 000mm横向支距的要求。基准线桩纵向间距:直线段不应大于10m,竖、平曲线路段视曲线半径大小应加密布置,最小2.5m。

(3)线桩固定时,基层顶面到夹线臂的高度宜为450~750mm。基准线桩夹线臂夹口到桩的水平距离宜为300mm。基准线桩应钉牢固。

(4)单根基准线的最大长度不宜大于450m。基准线拉力不应小于1kN。

(5)基准线设置后,严禁扰动、碰撞和振动。一旦碰撞变位,应立即重新测量纠正。多风季节施工,应缩小基准线桩间距。

10.2.3 下卧层准备

(1)摊铺水泥混凝土之前,应再次检查下卧层的高程,对超出允许范围的部分应削除并重做沥青下封层;低于允许范围的部分不得使用其他材料填补。

(2)水泥混凝土面层摊铺施工之前,应清扫下卧层的表面并检查其裂缝情况。

①当出现有不规则的严重裂缝时,应将该段基层切割废弃,重新铺筑基层;废弃段基层的切缝断面应整齐,且应与路线中线垂直;

②基层的单条裂缝可进行灌缝处理,并骑缝布设加筋玻纤格栅;对布设的加筋玻纤格栅应采用热沥青粘贴,并采用U形钢钉将玻纤格栅钉牢于基层表面;

③当基层上有横向人为切缝时,该切缝应采用合适的填缝料灌满,铺筑的水泥混凝土路面板上应设一条横向缩缝与基层上的人为切缝对齐。

10.3 材料要求

10.3.1 水泥

(1)水泥的物理性能和化学成分应符合图纸要求和《通用硅酸盐水泥》(GB 175—2007)和《道路硅酸盐水泥》(GB 13693—2005)的规定,并符合《公路水泥混凝土路面施工技术细则》(JTG/T F30—2014)的规定。

(2)采用旋窑生产的道路或普通硅酸盐水泥。

(3)采用机械化铺筑时,宜选用散装水泥,散装水泥的夏季出厂温度应符合《公路水泥混凝土路面施工技术细则》(JTG/T F30—2014)的规定。

(4)水泥进场时,应附有产品合格证及化验单。承包人应对品种、强度等级、包装、数量、出厂日期等进行检查验收,并报监理工程师审批。

10.3.2 粗集料

(1)粗集料的级配范围应符合表10-1的要求。

表10-1 粗集料级配范围

粒径(mm)	通过下列方孔筛(mm)的质量百分率(%)						
	31.5	26.5	19.0	16.0	9.50	4.75	2.36
4.75~26.5	100	95~100	60~75	30~50	10~30	0~10	0~5

(2)粗集料:采用坚硬、耐磨、洁净的石灰岩或卵石轧制成的碎石,形状接近立方体,针片状颗粒含量不大于15%,水洗法<0.075mm的颗粒含量不大于1%,其压碎值不得

大于24%，软弱颗粒含量不大于3%。

(3)当怀疑有碱活性集料或夹杂有碱活性集料时，应进行碱集料反应检验，确认无碱集料反应后，方可使用。

(4)当粗集料中含有活性二氧化硅或其他活性成分时，水泥中碱的含量不应大于0.6%，并应按照《公路工程集料试验规程》(JTG E42—2005)的规定进行试验，确认对混凝土质量无有害影响方可施工。

(5)在含碱环境中(如盐碱地、含碱工业废水侵蚀)的混凝土，不得使用含有活性成分的集料。

10.3.3　细集料

(1)细集料采用粗集料加工过程中形成的石屑以及由专门设备加工的机制砂或天然砂，细集料的技术指标应符合图纸要求。

(2)砂按细度模数分为粗砂、中砂、细砂。路面用天然砂宜为中砂，细度模数宜在2.5以上。同一配合比用砂的细度模数变化范围不应超过0.3，否则应分别堆放，并调整配合比中的砂率后使用。

(3)当怀疑有碱活性集料或夹杂有碱活性集料时，应进行碱集料反应检验，确认无碱集料反应后，方可使用。

10.3.4　水

混凝土搅拌和养护用水应清洁，宜采用饮用水。对水质有疑问或使用非饮用水时，应进行检验，并符合下列规定：

(1)硫酸盐含水率(按 SO_4^{2-} 计)不得超过2 700mg/L。

(2)含盐量不得超过5 000mg/L。

(3)pH值不得小于4。

(4)不得含有油污、泥和其他有害杂质。

(5)海水不得作为混凝土拌和用水。

10.3.5　钢筋

(1)钢筋应符合图纸及《钢筋混凝土用钢 第2部分：热轧带肋钢筋》(GB 1499.2—2007)和《钢筋混凝土用钢 第1部分：热轧光圆钢筋》(GB 1499.1—2008)的要求。

(2)钢筋应顺直，不得有裂缝、断伤、刻痕、表面油污，颗粒状或片状锈蚀应清除。

10.3.6　接缝材料

(1)胀缝板宜选用沥青纤维板、泡沫橡胶板或泡沫树脂板等材料。其技术要求应符合图纸及《公路水泥混凝土路面施工技术细则》(JTG/T F30—2014)的要求。

(2)填缝料可选用聚氨酯，其技术要求应符合《公路水泥混凝土路面施工技术细则》(JTG/T F30—2014)的规定和图纸要求。

10.3.7　其他材料

用于混凝土路面养护的养生剂、用于防裂缝修补的材料和传力杆套(管)帽、沥青及塑料薄膜等材料的技术性能及物理力学性能应符合《公路水泥混凝土路面施工技术细则》(JTG/T F30—2014)的规定。

10.4　配合比设计

10.4.1　普通混凝土配合比设计适用于滑模摊铺机、轨道摊铺机、三辊轴机组和小型机具四种施工方式。

10.4.2　普通混凝土路面的配合比设计在兼顾经济性的同时,应满足弯拉强度、工作性、耐久性等三项技术要求。三项技术要求应符合图纸要求及《公路水泥混凝土路面施工技术细则》(JTG/T F30—2014)的有关规定。

10.4.3　路面混凝土满足耐久性要求的最大水灰比和最小单位水泥用量应符合表10-2的规定。

表10-2　混凝土满足耐久性要求的最大水(胶)灰比和最小单位水泥用量

公路等级		高速公路(收费站)
最大水(胶)灰比		0.44
抗冰冻要求最大水(胶)灰比		0.42
抗盐冻要求最大水(胶)灰比		0.40
最小单位水泥用量(kg/m³)	42.5级	300
	32.5级	310
抗冰(盐)冻时最小单位水泥用量(kg/m³)	42.5级	320
	32.5级	330
掺粉煤灰时最小单位水泥用量(kg/m³)	42.5级	260
	32.5级	280
抗冰(盐)冻掺粉煤灰最小单位水泥用量(42.5级水泥)(kg/m³)		280

注:1. 掺粉煤灰,并有抗冰(盐)冻性要求时,不得使用32.5级水泥。
2. 水灰(胶)比计算以砂石料的自然风干状态计(砂含水率≤1.0%,石子含水率≤0.5%)。
3. 处在除冰盐、海风、酸雨或硫酸盐等腐蚀性环境中,或在大纵坡等加减速车道上,最大水灰(胶)比可比表中数值降低0.01~0.02。

10.4.4　外加剂的掺量应由混凝土试配试验确定。在夏季高温下施工时,混凝土拌和物的初凝时间不得小于3h,小于3h时应采取缓凝或保塑措施;低温和负温施工时的终凝时间不得大于10h,大于10h时,应采取必要的促凝或早强措施。

10.4.5　水泥混凝土路面普通混凝土配合比参数的计算和配合比计算及配合比调整等均按《公路水泥混凝土路面施工技术细则》(JTG/T F30—2014)的有关规定进行。

10.4.6　承包人应将计划用于铺筑水泥混凝土面层的各层材料,至少在用于工程之前28d,通过试验进行混合料组成配合比设计,这些设计应包括材料标准试验、混凝土弯拉强度、骨料级配、水灰比、坍落度、水泥用量、质量控制等,承包人应及时提供所有设计、试验报告单和详细说明,报监理工程师批准。混凝土的试配强度按设计强度提高10%～15%。

10.4.7　承包人应按上述混合料的设计,通过混凝土的试拌检验混凝土混合料的配合比,报监理工程师审批。

10.4.8　在整个施工过程中,混凝土的质量和混合料配合比,承包人应按照质量管理要求进行自检。

10.4.9　已批准了的混凝土混合料的生产方法和材料,未经监理工程师的同意不得改变。如需改变时,承包人应重新做试拌试验报批。

10.5　试验段施工

10.5.1　在正式摊铺混凝土面层前,必须铺筑试验段,试验段长度不应短于200m,高速公路宜在主线上进行试铺。试验段面层的铺筑应在拌和机经调整已达到性能稳定、滑模摊铺机性能状态良好、操作工人熟练的情况下进行,保证试验段能按生产路的条件施工,以总结经验指导正式施工。

10.5.2　试验段分为试拌及试铺两个阶段,通过试验段应达到下述目的:

(1)通过试拌检验拌和性能及确定合理搅拌工艺,检验适宜摊铺的拌和楼拌和参数,包括:上料速度,拌和容量,搅拌均匀所需时间,新拌混凝土坍落度、振动黏度系数、含气量、泌水性、VC值和生产使用的混凝土配合比等。

(2)通过试铺检验主要机械的性能和生产能力,检验辅助施工机械组配的合理性,检验面层摊铺工艺和质量,如:模板架设固定方式或基准线设置方式,摊铺机械(具)的适宜工作参数,包括松铺系数、摊铺速度、振捣时间与频率、滚压遍数、碾压遍数、压实度、中间和侧向拉杆置入情况等,检验整套施工工艺流程。

(3)试铺时,分时段取样进行坍落度试验,检查混凝土拌和物坍落度随施工时间延长的变化。

(4)检查锯缝机的性能,确定锯缝时间、刻槽时间与施工气温的关系,选择合理的锯缝深度和养护方法。

(5)根据试验段总结现有配套机械系统的生产能力、拌和楼产量,提出材料供应要求、铺筑进度,从而制订面层混凝土摊铺施工进度计划。

10.5.3　对试铺面层各项技术指标进行检测,技术要求符合设计或规范规定时,试验段面层可作为生产路面予以认可,试铺总结按附录A要求编写,否则应重做试验段。图10-1所示为SG1-LM2分部试铺的武胜西互通收费站水泥混凝土面板。

图10-1　SG1-LM2分部武胜西互通收费站水泥混凝土面板试铺

10.6　施工要点

10.6.1　混合料拌和与运输

(1)承包人应根据图纸、机械设备、施工条件及摊铺方式拟定混凝土路面施工方案及施工工艺流程,编制详细的施工组织计划,在开工前28d报请监理工程师批准。

(2)水泥混凝土路面板的拌和、运输,应按照《公路水泥混凝土路面施工技术细则》(JTG/T F30—2014)的有关规定办理。

(3)在浇筑水泥混凝土面层前,应将监理工程师认可的基层表面上的浮土及杂物予以清除干净,并进行必要的修整。

(4)水泥混凝土路面施工开始前应对进场的材料进行检验,其检验项目及检验频率按相关规范进行。

(5)施工前必须对机械设备、测量仪器、基准线或模板、机具工具及各种试验仪器等进行全面的检查、调试、标定、维修和保养。对主要施工机械的易损零部件应有适量储备。

(6)不同摊铺方式所要求的拌和楼最小生产容量应满足《公路水泥混凝土路面施工技术细则》(JTG/T F30—2014)的规定。一般可配备2~3台拌和楼,最多不宜超过4台。拌和楼的规格和品牌尽可能统一。

(7)拌和楼的配备应符合《公路水泥混凝土路面施工技术细则》(JTG/T F30—2014)的规定。应优先选配间歇式拌和楼,也可使用连续式拌和楼。连续式拌和楼应配备两个或一个长度足够的搅拌锅,并应在搅拌锅上配备电视监控设备。

(8)每台拌和楼在投入生产前,必须进行标定,并试拌正常。在标定有效期满或拌和楼搬迁安装后,均应重新标定。施工中应每15d校验一次拌和楼计量精确度。

(9)搅拌过程中,拌和物质量检验与控制应符合表10-3、表10-4的规定。低温或高温天气时施工,拌和物出料温度宜控制在10~35℃,并应测定原材料温度、拌和物的温度、坍落度损失率和凝结时间等。

表 10-3　混凝土原材料的检测项目和频率

材料	检 查 项 目	检 查 频 度
水泥	抗折强度、抗压强度，安定性	机铺 1 500t，一批
	凝结时间，标稠需水量，细度	机铺 2 000t，一批
	f-CaO、MgO、SO_3 含量、铝酸三钙、铁铝酸四钙、干缩率、耐磨性、碱度、混合材料种类及数量	每标段不少于 3 次，进场前必测
	温度、水化热	冬、夏季施工随时检测
粉煤灰	活性指数、细度、烧失量	机铺 1 500t，一批
	需水量比、SO_3 含量	每标段不少于 3 次，进场前必测
粗集料	针片状、超径颗粒含量、级配、表观密度，堆积密度，空隙率	机铺 2 500m^3，一批
	含泥率、泥块含量	机铺 1 000m^3，一批
	坚固性、岩石抗压强度、压碎指标	每种粗集料每标段不少于 2 次
	碱集料反应	怀疑有碱活性集料进场前测
	含水率	降雨或温度变化随时测
砂	细度模数，表观密度，堆积密度，空隙率，级配	机铺 2 000m^3，一批
	含泥率、泥块、石粉含量	机铺 1 000m^3，一批
	坚固性	每种砂每标段不少于 3 次
	云母含量、轻物质与有机物含量	目测有云母或杂质时测
	含盐量（硫酸盐，氯盐）	必要时测，淡化海砂每标段 3 次
	含水率	降雨或湿度变化随时测
外加剂	减水剂减水率、液体外加剂含固量和相对密度粉状外加剂的不溶物含量	机铺 5t，一批
	引气剂引气量、气泡细密程度和稳定性	机铺 2t，一批
钢纤维	抗拉强度、弯折性能、长度、长径比、形状	开工前或有变化时，每标段 3 次
	杂质、质量及其偏差	机铺 50t，一批
养生剂	有效保水率、抗压强度比、耐磨性、耐热性、膜水溶性	开工前或有变化时，每标段 3 次
	含固量、成膜时间	试验路段测，施工每 5t 测 1 次
水	pH 值、含盐量、硫酸根及杂质含量	开工前和水源有变化时

注：1. 开工前，所有原材料项目均应检验；当原材料规格、品种、生产厂、来源变化时，必检。

2. 机铺指滑模、轨道、三辊轴机组和碾压混凝土摊铺，数量不足一批时，按一批检验。

表 10-4　混凝土拌和物的质量检验项目和频率

检 查 项 目	检 查 频 度
	高速公路、一级公路
水灰比及稳定性	每 500m^3 抽检 1 次，有变化随时测
坍落度及其均匀性	每工班测 3 次，有变化随时测
坍落度损失率	开工、气温较高和有变化随时测
振动黏度系数	试拌、原材料和配合比有变化时测

续上表

检查项目	检查频度
	高速公路、一级公路
钢纤维体积率	每工班测 2 次，有变化随时测
含气量	每工班测 2 次，有抗冻要求不少于 3 次
泌水率	必要时测
视密度	每工班测 1 次
温度、凝结时间水化发热量	冬、夏季施工，气温最高低时，每工班最少测 1～2 次
离析	随时观察
VC 值及稳定性、压实度、松铺系数	碾压混凝土作复合式路面底层时，检查频率与其他公路相同

注：混凝土拌和物振动黏度系数试验方法、钢纤维混凝土拌和物钢纤维体积率试验方法见《公路水泥混凝土路面施工技术细则》（JTG/T F30—2014）。

（10）应根据施工进度、运量、运距及路况，选配车型和车辆总数，总运力应比总拌和能力略有富余，确保新拌混凝土在规定时间内运到摊铺现场。

（11）运输到现场的拌和物必须具有适宜摊铺的工作性。不同摊铺工艺的混凝土拌和物从搅拌机出料到运输、铺筑完毕的允许最长时间应符合表 10-5 的规定。不满足时应通过试验、加大缓凝剂或保塑剂的剂量。

表 10-5　混凝土拌和物运输、铺筑完毕允许最长时间

施工气温*（℃）	运输允许最长时间（h）		铺筑完毕允许最长时间（h）	
	滑模、轨道	三轴、小机具	滑模、轨道	三轴、小机具
5～9	2.0	1.5	2.5	2.0
10～19	1.5	1.0	2.0	1.5
20～29	1.0	0.75	1.5	1.25
30～35	0.75	0.50	1.25	1.0

注：* 指施工时间的日间平均气温，使用缓凝剂延长凝结时间后，本表数值可增加 0.25～0.5h。

10.6.2　滑模机械铺筑

（1）滑模摊铺的机械设备。

①宜选配能一次摊铺 2～3 个车道宽度（7.5～12.5m）的滑模摊铺机。硬路肩的摊铺宜选配中、小型多功能滑模摊铺机，并宜连体一次摊铺路缘石。可按《公路水泥混凝土路面施工技术细则》（JTG/T F30—2014）的要求选择滑模摊铺机。

②滑模摊铺路面时，承包人应根据路面结构、工期要求、公路等级及监理工程师要求配齐摊铺机、搅拌机、搅拌站、运输车辆、布料设备、抗滑构造施工设备、切缝设备等。机械配套可参照《公路水泥混凝土路面施工技术细则》（JTG/T F30—2014）的要求进行。

③滑模摊铺混凝土路面的施工应设置基准线。基准线形式、基准线器具、基准线设置及基准线的施工要求应符合《公路水泥混凝土路面施工技术细则》（JTG/T F30—2014）的有关规定。

(2)滑模摊铺准备。

①滑模摊铺混凝土路面开始前,承包人的所有施工设备和机具应全部就位,且处于良好状态。基层、封层表面及履带行走部位应清扫干净。摊铺面板位置应洒水湿润,并不得积水。

②横向连接摊铺时,前次摊铺路面纵缝的溜肩胀宽部位应切割顺直。侧边拉杆应校正扳直,缺少的拉杆应钻孔锚固置入。纵向施工缝的上半部应满涂沥青。

(3)混凝土布料。

①滑模摊铺机前的正常料位高度应在螺旋布料器叶片最高点以下,亦不得缺料。卸料、布料应与摊铺速度相协调。

②当坍落度在 10 ~ 50mm 时,布料松铺系数宜控制在 1.08 ~ 1.15 之间。布料机与滑模摊铺之间施工距离宜控制在 5 ~ 10mm。

③摊铺钢筋混凝土路面、桥面或搭板时,严禁任何机械开上钢筋网。

(4)滑模摊铺机的施工参数设定、校准和摊铺操作技术要领及摊铺中问题的处置等参照《公路水泥混凝土路面施工技术细则》(JTG/T F30—2014)中的规定执行。

(5)滑模摊铺过程中应采用自动抹平板装置进行抹面。对少量局部麻面和明显缺料部位,应在挤压板后或搓平梁前补充适量拌和物,由搓平梁或抹平板机械修整。滑模摊铺的混凝土面板在下列情况下,可用人工进行局部修整。

①用人工操作抹面抄平器,精整摊铺机后表面的小缺陷,但不得在整个表面加薄层修补路面高程。

②对纵缝边缘出现的倒边、塌边、溜肩现象,应顶侧模或在上部支方铝管进行边缘补料修整。

③对起步和纵向施工接头处,应采用水准仪抄平,并采用大于3m 的靠尺边测边修整。

(6)滑模摊铺结束后,必须及时做下述工作:

①清洗滑模摊铺机,并进行当日保养,加油加水,打润滑油等。

②宜在第二天硬切横向施工缝,也可当天施作施工横缝。应丢弃端部的混凝土和摊铺机振动仓内遗留下的纯砂浆,两侧模板应向内各收进 20 ~ 40mm,收口长度宜比滑模摊铺机侧模板略长。施工缝部位应设置传力杆,并应满足图纸要求的路面平整度、高程、横坡和板长。

10.6.3　模板及其架设与拆除

(1)模板技术要求。

①公路混凝土路面板、桥面板和加铺层的施工模板应采用刚度足够的槽钢、轨模或钢制边侧模板,不应使用木模板、塑料模板等其他易变形的模板。模板的精确度及尺寸要求应符合《公路水泥混凝土路面施工技术细则》(JTG/T F30—2014)的规定。

②横向施工缝端模板应按图纸规定的传力杆直径和间距设置传力杆插入孔和定位套管。

③模板或轨模数量应根据施工进度和施工气温确定,并应满足拆模周期内周转

需要。

(2)模板架设、安装与拆除的技术要求及允许偏差,应符合《公路水泥混凝土路面施工技术细则》(JTG/T F30—2014)的规定。

10.6.4 三辊轴机组铺筑

(1)三辊轴机组的设备应符合下列规定:

①三辊轴整平机的主要技术参数应满足施工需要。当板厚200mm以上宜采用直径168mm的辊轴;桥面铺装或厚度较小的路面可采用直径为219mm的辊轴。轴长宜比路面宽度长出600~1 200mm。

②三辊轴机组铺筑混凝土面板时,必须同时配备一台安装插入式振捣棒组的排式振捣机。当铺装桥面厚度小于150mm时,可采用振捣梁。当面板厚度较大和坍落度较低时,宜使用100Hz以上的高频振捣棒。

③当一次摊铺双车道路面时应配纵缝拉杆插入机,并配有插入深度控制和拉杆间距调整装置。

④其他施工辅助配套设备承包人可根据施工需要选配。

(2)三辊轴机组铺筑:

①三辊轴机组铺筑面层工艺流程宜按《公路水泥混凝土路面施工技术细则》(JTG/T F30—2014)的规定顺序施工。

②应有专人指挥车辆均匀卸料。布料应与摊铺速度相适应,不适应时应配备适当的布料机械。坍落度为10~40mm的拌和物,松铺系数为1.12~1.25。

③混凝土拌和物布料长度大于10m时,可开始振捣作业。密排振捣棒组间歇插入振实时,每次移动距离不宜超过振捣棒有效作用半径的1.5倍,并不得大于500mm,振捣时间宜为15~30s。排式振捣机连续拖行振实时,作业速度宜控制在4m/min以内。

④面板振实后,应随即安装纵缝拉杆。单车道摊铺的混凝土路面,在侧模预留孔中应按设计要求插入拉杆;一次摊铺双车道路面时,除应在侧模孔中插入拉杆外,还应在中间纵缝部位,使用拉杆插入机在1/2板厚处插入拉杆,插入机每次移动的距离应与拉杆间距相同。

⑤三辊轴整平机作业。

a. 三辊轴整平机按作业单元分段整平,作业单元长度宜为20~30m,振捣机振实与三辊轴整平两道工序之间的时间间隔不宜超过15min。

b. 三辊轴滚压振实料位高差宜高于模板顶面5~20mm,过高时应铲除,过低应及时补料。

c. 三辊轴整平机在一个作业单元长度内,应采用前进振动、后退静滚方式作业,宜分别滚压2~3遍。最佳滚压遍数应经过试铺确定。

d. 在三辊轴整平机作业时,应有专人处理轴前料位的高低情况,过高时,应辅以人工铲除,轴下有间隙时,应使用混凝土找补。

e. 滚压完成后,将振动辊轴抬离模板,用整平轴前后静滚整平,直到平整度符合要求,表面砂浆厚度均匀为止。

f. 表面砂浆厚度宜控制在(4 ±1)mm,三辊轴整平机前方表面过厚、过稀的砂浆必须刮除丢弃。

⑥应采用3 ~5m 刮尺,在纵、横两个方向进行精平饰面,每个方向不少于两遍。也可采用旋转抹面机密实精平饰面两遍。刮尺、刮板、抹面机、抹刀饰面的最迟时间不得迟于规定的铺筑完毕允许最长时间。

10.6.5　轨道摊铺机铺筑

1)轨道摊铺设备

(1)轨道摊铺机的选型应根据路面车道数或设计宽度,按轨道摊铺机的技术参数选择。最小摊铺宽度不得小于单车道3.75m。

(2)其他设备根据施工需要配套采用。

2)轨道摊铺机铺筑、振实及整平

(1)使用轨道摊铺机前部配备的螺旋布料器或上下左右移动的刮板布料,这两种布料方式均要求料堆不得过高过大,亦不得缺料,可使用挖掘机、装载机或人工辅助布料。螺旋布料器前应保持面板以上100mm 左右的拌和物,布料器后宜配备松铺高度控制刮板。

(2)轨道摊铺时的适宜坍落度按振捣密实情况宜控制在20 ~40mm 之间。不同坍落度时的松铺系数可参考《公路水泥混凝土路面施工技术细则》(JTG/T F30—2014)确定,并计算出松铺高度。

(3)当施工钢筋混凝土路面时,宜先用(两台)箱型轨道摊铺机分两层两次布料,可在第一层布料完成后,将钢筋网片安装好,再进行表面第二层布料,然后一次振实;也可两次布料两次振实,中间安装钢筋网。

(4)轨道摊铺机应配备振捣棒组,振捣方式及混凝土表面振捣和修整等应按《公路水泥混凝土路面施工技术细则》(JTG/T F30—2014)的有关规定执行。

(5)面板整平及饰面应符合下列要求:

①往复式整平滚筒前的混凝土堆积物应涌向横坡高的一侧,保证路面横坡高端有足够的料找平。

②及时清理因整平推挤到路面边缘的余料,以保证整平精度和整平机械在轨道上的作业行驶。

③轨道摊铺机上宜配备纵向或斜向抹平板。纵向抹平板随轨道摊铺机作业行进可左右贴表面滑动并完成表面修整;斜向修整抹平板作业时,抹平板沿斜向左右滑动,同时随机身行进,完成表面修整。

(6)整平饰面操作要求与本章第10.6.4 款的相关要求相同。

10.6.6　小型机具铺筑

1)小型机具性能要求

承包人的小型机具性能应稳定可靠,操作简易,维修方便,机具套应与工程规模、施工进度相适应。选配的成套机械、机具应符合《公路水泥混凝土路面施工技术细则》(JTG/T F30—2014)的要求。

2)摊铺、振实与整平

(1)摊铺

①承包人在混凝土拌和物摊铺前,应对模板的位置和支撑稳固情况及传力杆、拉杆的安设等进行全面检查。修复破损基层,并洒水润湿。用厚度标尺板全面检测板厚,与设计值相符,方可开始摊铺。

②专人指挥自卸车尽量准确卸料。人工布料应用铁锹反扣,严禁抛掷和耧耙。人工摊铺混凝土拌和物的坍落度应控制在5~20mm之间,拌和物松铺系数宜控制在1.10~1.25之间,料偏干时取较高值,反之,取较低值。

③因故造成1h以上停工或达到2/3初凝时间,致使拌和物无法振实时,应在已铺筑好的面板端设置施工缝,废弃不能被振实的拌和物。

(2)插入式振捣棒振实

①在待振横断面上,每车道路面应使用2根振捣棒,组成横向振捣棒组,沿横断面连续振捣密实,并应注意路面板底、内部和边角处不得欠振和漏振。

②捣棒的振捣方法及注意事项宜按《公路水泥混凝土路面施工技术细则》(JTG/T F30—2014)的有关规定执行。

(3)振动板振实

①在振捣棒已完成振实的部位,可使用振动板纵横交错两遍全面提浆振实,每车道路面应配备1块振动板。

②振动板移位时,应重叠100~200mm,移位控制以振动板底部和边缘泛浆厚度(3±1)mm为限。

③缺料的部位,应辅以人工补料找平。

(4)振动梁振实

①每车道路面宜使用1根振动梁。振动梁应具有足够刚度和质量,底部应焊或安装深度4mm左右的粗骨料压实齿,保证(4±1)mm的表面砂浆厚度。

②振动梁应垂直路面中线,沿纵向拖行,往返2~3遍,使表面泛浆均匀平整。在振动梁拖振整平过程中,缺料处应使用混凝土拌和物填补,不得用纯砂浆填补,料多的部位应铲除。

(5)整平饰面

①每车道路面应配备1根滚杠。振动梁振实后,应拖动滚杠往返2~3遍提浆整平,多余水泥浆应铲除。

②托滚后的表面宜采用3m刮尺,纵横整平饰面各1遍,或采用叶片式或圆盘式抹面机往返2~3遍压实整平饰面。每车道路面配备抹面机不宜少于1台。

③在抹面机完成作业后,应进行清边整缝,清除黏浆,修补缺边、掉角。应使用抹刀将抹面机留下的痕迹抹平,当烈日曝晒或风大时,应加快表面的修整速度,或在防雨篷遮阴下进行。精平饰面后的面板表面应无抹面印痕,致密均匀,无露骨,平整度应达到规定要求。

10.6.7　接缝施工

(1)纵缝施工。

①当一次铺筑宽度小于路面和硬路肩总宽度时,应设置纵向施工缝,位置应避开轮迹,并重合或靠近车道线,构造可采用平缝加拉杆型。

②当所摊铺的面板厚度≥260mm时,也可采用插拉杆的企口形纵向施工缝。采用滑模施工时,纵向施工缝的拉杆可采用摊铺机的侧向拉杆装置插入。采用固定模板施工方式时,应在振实过程中,从侧模预留孔中手工插入拉杆。

③当一次铺筑宽度大于4.5m时,应采用假缝拉杆型纵缝,即锯切纵向缩缝,纵缝位置应按车道宽度设置,并在摊铺过程中用专用的拉杆插入装置插入拉杆。

④桥面与搭板纵缝拉杆可由横向钢筋延伸穿过接缝代替。

⑤插入或置入的侧向拉杆应牢固,不得松动、碰撞或拔出。若发现拉杆松脱、拔出或未插入,应在横向相邻路面摊铺前,钻孔重新置入拉杆。当发现拉杆可能被拔出时,宜进行拉杆拔出力(握裹力)检验,混凝土与拉杆握裹力试验方法可参照《公路水泥混凝土路面施工技术细则》(JTG/T F30—2014)。

(2)每天摊铺结束或摊铺中断时间超过30min时,应设置横向施工缝。其位置宜与胀缝或缩缝重合,确有困难不能重合时,施工缝应采用设螺纹传力杆的企口缝形式。横向施工缝应与路中心线垂直。横向施工缝在缩缝处采用平缝加传力杆型。

(3)横向缩缝施工。

①普通混凝土路面横向缩缝宜等间距布置,不宜采用斜缩缝和不等间距缩缝。不得不调整板长时,最大板长宜不大于6.0m,最小板长不宜小于板宽。

②在中、轻交通的公路混凝土路面上,横向缩缝可采用不设传力杆假缝型。

③在特重和重交通公路、收费广场、邻近胀缝或路面自由端的3条缩缝,应采用假缝加传力杆型。钢筋支架应具有足够的刚度,传力杆应准确定位,摊铺之前应在基层表面放样,并用钢钎锚固,宜使用手持振捣棒振实传力杆高度以下的混凝土,然后机械摊铺。

(4)胀缝设置与施工。

普通混凝土路面的胀缝应按图纸要求和《公路水泥混凝土路面施工技术细则》(JTG/T F30—2014)的规定设置。

(5)拉杆、胀缝板、传力杆及其套帽、滑移端设置精确度应符合《公路水泥混凝土路面施工技术细则》(JTG/T F30—2014)的要求。

(6)贫混凝土基层、各种混凝土面层、加铺层、格面和搭板的纵、横向缩缝均应采用切缝法施工。切缝作业应按《公路水泥混凝土路面施工技术细则》(JTG/T F30—2014)的规定执行。

(7)填缝。

①混凝土面板所有接缝凹槽都应按图纸规定,用填缝料填缝。填缝材料和填缝方法应经监理工程师批准。

②缝槽应在混凝土养生期满后及时填缝,填缝前必须保持缝内干燥清洁,防止砂石等杂物掉入缝内。填缝前应经监理工程师检查。

③填缝料应与混凝土缝壁黏附紧密，其灌注深度宜为缝宽的 2 倍，当深度大于 30 ~ 40mm 时，可填入多孔柔性衬底材料。在夏季应使填缝料灌至与板面齐平，在冬季则应稍低于板面。

④在开放交通前，填缝料应有充分的时间硬结。

10.6.8 混凝土路面养生

(1)混凝土路面铺筑完成或施作抗滑构造完毕后应立即开始养生。机械摊铺的各种混凝土路面、桥面及搭板宜采用喷洒养生剂同时保湿覆盖的方式养生。在雨天或养生用水充足的情况下，也可采用覆盖保湿膜、土工毡、土工布、麻袋、草袋、草帘等洒水湿养生方式。不宜使用围水养生方式。

(2)混凝土路面采用喷洒养生剂养生和覆盖物保温养生应按《公路水泥混凝土路面施工技术细则》(JTG/T F30—2014)的有关规定执行。

10.6.9 特殊气候条件下的施工

(1)一般规定

①承包人应根据图纸提供的当地气象资料及承包人收集的月、旬、日天气预报资料，遇有影响混凝土路面施工质量的天气时，应暂停施工或采取必要的防范措施，制订特殊气候的施工方案。

②混凝土路面施工如遇下述条件之一者，必须停工：

a. 现场降雨。

b. 风力大于 6 级，风速在 10.8m/s 以上的强风天气。

c. 现场气温高于 40℃或拌和物摊铺的温度高于 35℃。

d. 摊铺现场连续 5 昼夜平均气温低于 5℃，夜间最低气温低于 -3℃。

(2)雨天施工：当降雨影响路表面质量时应停止施工。雨季施工时应准备足够的防雨篷或塑料薄膜，对被暴雨冲刷后，路面平整度严重劣化的部位，应尽早铲除重铺。

(3)刮风天施工：在日照较强，空气干燥的多风季节或经常刮风的地区，为防止路面发生塑性收缩而产生开裂，应采取《公路水泥混凝土路面施工技术细则》(JTG/T F30—2014)中的相应措施。

(4)高温季节施工：当现场气温高于 30℃，应避开中午高温时段施工，若不能避开应采取相应的降温措施。无论在什么情况和条件下，混凝土拌和物的出料温度不宜超过 35℃。夏季高温气候施工时，应随时加测气温和水泥、拌和水、拌和物及路面温度。必要时要加测混凝土水化热。

(5)低温季节施工：冬季负温施工，当最低温度为 -3℃以下，应采用路面保温覆盖措施施工。最低气温 -10℃以下，应同时采用保温覆盖和加防冻剂的冬季负温施工方法。搅拌机出料温度不得低于 10℃，摊铺混凝土温度不得低于 5℃。否则应采用热水拌和混凝土。冬季负温施工覆盖保温养生的最少天数不得少于21d，养生方式为先洒养生剂，加塑料薄膜保湿，再盖保温材料保温。

10.6.10　混凝土面板的移除及更换

(1)凡不符合规定要求的混凝土面板应根据监理工程师指示予以凿除并重新摊铺，其费用由承包人负担。

(2)凿除范围应是横向接缝间的全部混凝土，并将基底清理干净，经监理工程师验收合格后，再进行混凝土摊铺。

10.6.11　取样和试验

(1)施工单位应随时对施工质量进行自检。自检项目和频率：原材料应按表10-3规定进行；拌和物应按表10-4规定进行；混凝土路面应按表10-6规定进行。当施工、监理、监督人员发现异常情况，应加大检测频率，找出原因，及时处理。应利用计算机实行动态质量管理，其方法见《公路水泥混凝土路面施工技术细则》(JTG/T F30—2014)的规定。

表10-6　混凝土路面的检验项目、方法和频率

项次	检查项目	检查方法和频率	
		高速公路、一级公路	其他公路
1	弯拉强度	每班留2~4组试件，日进度<500m取2组，≥500m取3组，≥1 000m取4组，测f_{cs},f_{min},C_v	每班留1~3组试件，日进度<500m取1组；≥500m取2组，≥1 000m取3组，测f_{cs},f_{min},C_v
	钻芯劈裂强度	每车道每3km钻取1个芯样，硬路肩为1个车道，测平均f_{cs},f_{min},C_v，板厚h	每车道每3km钻取1个芯样，硬路肩为1个车道，测平均f_{cs},f_{min},C_v，板厚h
2	板厚度	路面摊铺宽度内每100m左右各2处，连接摊铺每100m单边1处，参考芯样	路面摊铺宽度内每100m左右各1处，连接摊铺100m单边1处，参考芯样
3	3m直尺平整度	每半幅车道每100m 2处×10尺	每半幅车道每200m 2处×10尺
	动态平整度	所有车道连续检测	所有车道连续检测
4	抗滑构造深度	铺砂法：每幅200m 2处	铺砂法，每幅200m 1处
5	相邻板高差	尺测：每200m纵横缝2条，每条3处	尺测：每200m纵横缝2条，每条2处
6	连接摊铺纵缝高差	尺测：每200m纵向工作缝，每条3处，每处间隔2m测3尺，共9尺	尺测：每200m纵向工作缝，每条2处，每处间隔2m测3尺，共6尺
7	接缝顺直度	20m拉线测：每200m 6条	20m拉线测：每200m 4条
8	中线平面偏位	经纬仪：每200m 6点	经纬仪：每200m 4点
9	路面宽度	尺测：每200m 6处	尺测：每200m 4处
10	纵断高程	水准仪：每200m 6点	水准仪：每200m 4点
11	横坡度	水准仪：每200m 6个断面	水准仪：每200m 4个断面
12	断板率	数断板面板块占总块数比例	数断板面板块占总块数比例
13	脱皮裂纹露石缺边掉角	量实际面积，并计算与总面积比	量实际面积，并计算与总面积比
14	路缘石顺直度和高度	20m拉线测：每200m 4处	20m拉线测：每200m 2处
15	灌缝饱满度	尺测：每200m接缝6处	尺测：每200m接缝4处

续上表

项次	检查项目	检查方法和频率	
		高速公路、一级公路	其他公路
16	切缝深度	尺测:每 200m 6 处	尺测:每 200m 测 4 处
17	胀缝表面缺陷	每条观察填缝及啃边断角	每条观察填缝及啃边断角
18	胀缝板连浆	每条胀缝板安装时测量	每条胀缝板安装时测量
	胀缝板倾斜	尺测:每块胀缝板每条两侧	尺测:每块胀缝板每条两侧
	胀缝板弯曲和移位	尺测:每块胀缝板每条 3 处	尺测:每块胀缝板每条 3 处
19	传力杆偏斜	钢筋保护层仪:每车道 4 根	钢筋保护层仪:每车道 3 根

注:路面钻芯劈裂强度应换算为实际面板弯拉强度进行质量评定。

(2)浇注完成的混凝土板(图 10-2),应检查实际强度,可现场钻取圆柱试件,进行圆柱劈裂强度的试验,以圆柱劈裂强度推算小梁弯拉强度。

(3)如果试件表明混凝土的 28d 强度不能达到规定的强度,则承包人可以从相应龄期地点的混凝土构件中切取样品,对照其强度。切取样品的尺寸和切取试件的部门均由监理工程师决定,取件后由承包人负责修复孔穴,其费用由承包人承担。

图 10-2 SG1-LM1 分部金桥收费站水泥混凝土面板

10.7 质量控制

10.7.1 基本要求

(1)混凝土的摊铺、捣实、整平与混凝土面板养护符合规范要求。

(2)接缝的位置、规格、尺寸和传力杆、拉力杆的设置以及面板补强钢筋的布设等符合图纸和规范要求。

(3)路面的平整度和构造深度符合规范要求。

(4)路线符合图纸要求。

10.7.2 质量要求见表 10-7。

表 10-7 公路混凝土路面铺筑质量要求

项次	检查项目	允许值
1	弯拉强度(MPa)	100% 符合《公路水泥混凝土路面施工技术细则》(JTG/T F30—2014)的规定
2	板厚度(mm)	代表值≥ -5;极值≥10,C_v 值符合设计要求

续上表

项次	检查项目		允许值
3	平整度	σ(mm)	≤1.2
		IRI(m/km)	≤2.0
		3m 直尺最大间隙 Δh(mm)	3.0(合格率应≥90%)
4	抗滑构造深度(mm)		0.70～1.10
5	相邻板高差(mm)		≤2
6	连接摊铺纵缝高差(mm)		平均值≤3;极值≤5
7	接缝顺直度(mm)		≤10
8	中线平面偏位(mm)		≤20
9	路面宽度(mm)		±20
10	纵断高程(mm)		±10
11	横坡率(%)		±0.15
12	断板率(‰)		≤2
13	脱皮印痕裂纹露石缺边掉角(‰)		≤2
14	路缘石顺直度和高度(mm)		≤20
15	灌缝饱满度(mm)		≤2
16	切缝深度(mm)		≥50
17	胀缝表面缺陷		不应有
18	胀缝板连浆(mm) 胀缝板倾斜(mm) 胀缝板弯曲和移位(mm)		≤20 ≤20 ≤10
19	传力杆偏斜(mm)		≤10

注:1. 路面钻芯劈裂强度应换算为实际面板弯拉强度进行质量评定。
2. 质量检查方法见表 10-6 的规定。

10.7.3 外观鉴定

(1)混凝土板表面脱皮、印痕、裂纹、露石、蜂窝、麻面、缺边、掉角等有缺陷的面积不得超过受检面积的2‰。

(2)混凝土的断裂块数不得超过评定路段混凝土板总块数的2‰。

(3)路面边线直顺、曲线圆滑。

(4)接缝填缝料饱满密实、黏结牢固、缝缘清结整齐。

11 水泥混凝土桥面沥青铺装层

11.1 一般规定

11.1.1 在桥面水泥混凝土顶面洒布专用防水黏结层，见图11-1。

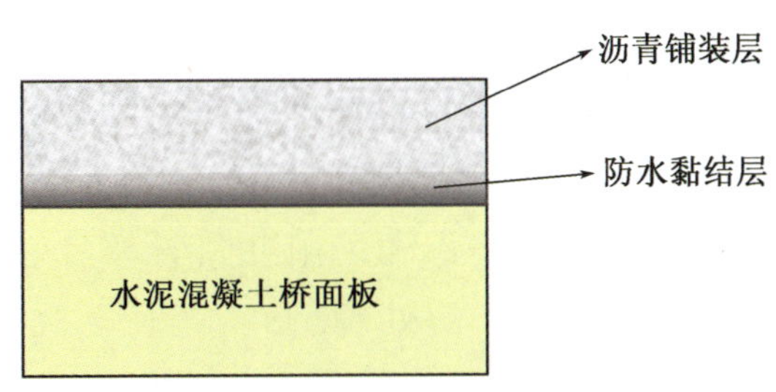

图11-1 桥面沥青铺装结构示意图

11.1.2 水泥混凝土桥面在防水黏结层施工前，应进行桥面板处理，并应经过验收合格。

11.1.3 桥头搭板黏结层应与桥面防水黏结层同步施工，技术要求与桥面防水黏结层相同。

11.1.4 桥面防水黏结层宜在干燥和气温较高的天气施工，应避免雨、雾等影响。气温低于10℃时，不得进行施工。

11.1.5 为避免桥梁结构其他部位遭受污染，应采用塑料薄膜和胶粘带事先覆盖。

11.1.6 桥面防水黏结层应在桥面沥青铺装层施工前1～2d内进行施工，不宜过早。

11.1.7 桥面防水黏结层施工结束后，立即进行封闭管理，杜绝后期污染。

11.2 桥面板处理

11.2.1 施工准备

(1)桥面板处理施工前的技术、机械、试验检测仪器及作业面准备，分别按本指南第2.2~2.7节执行。

(2)按不同的工艺配备相应的机械设备。抛丸工艺应配备抛丸机,精铣刨工艺应配备铣刨机、自卸车等。

(3)桥面板处理施工前应对水泥混凝土桥面进行检查与验收,如有脱空、破损、开裂等问题,应及时处理。图11-2所示为桥面板打毛处理效果。

图11-2　桥面板打毛处理效果

(4)正式施工前,应选择一段桥面进行试验段施工,确定相应的处理工艺。

11.2.2　施工要点

(1)桥面板处理推荐采用抛丸、精铣刨两种方式,处理后应满足水泥混凝土桥面处理质量控制标准。如原桥面板提浆过多无法满足抛丸露骨率要求时,应采用精铣刨进行处理。

(2)抛丸施工。

①抛丸机按照试验段确定的行走速度匀速行驶。

②多台抛丸机作业采用并行直线连续抛丸方式,两台机械作业宽度重叠1~5cm,使搭接的部位保持平整。

③抛丸露骨率应不小于20%,若达不到规定的露骨率时应进行二次抛丸。

④抛丸处置后的表面应有均匀的粗糙度和良好的清洁度。

⑤抛丸无法处置的边角等部位,可采用手推式打磨机补充处置。

⑥抛丸处置后应尽快进行防水黏结层的施工,减少二次污染。

⑦桥面应平整,钢筋头突起物应凿除,以免影响抛丸设备出现漏砂等现象。

⑧油污、锈迹、杂物、尘土应清理、清扫干净,防止施工过程中污染。

⑨对抛丸处置后,桥面暴露出来的裂缝、孔洞等缺陷,应采用水泥浆或环氧树脂等修复。若桥面出现严重龟裂,应返工处理。

(3)精铣刨施工。

①按照设备型号确定适宜的工作宽度,铣刨机行走速度按试验段确定的方案执行。

②一般铣刨深度3~5mm。

③作业面重叠宽度10~20cm,搭接部分应保持平整。

④由于桥面不平整造成露白部分宜采用窄幅铣刨机补铣刨,或用抛丸机进行处置。

⑤铣刨渣清扫应由自卸车随铣刨机行驶,同步进行接料清理,等铣刨面干燥后,用小型清扫机和人工进行清扫,用空压机强风吹净,保证界面清洁、干净。

⑥桥面应平整,突出物应凿除,不使铣刨机发生空刀。

⑦油污、锈迹、养护剂、尘土应清理干净,防止施工过程中二次污染。

⑧对铣刨处置后所暴露出来的裂缝、孔洞等缺陷,应采用水泥浆或环氧树脂等修复。

若出现严重龟裂,应返工处理。

11.2.3　质量控制

经处理后的混凝土桥面应洁净、干燥并具有一定粗糙度,满足表11-1的规定。

表11-1　水泥混凝土桥面处理质量控制标准

检查项目	质量控制标准	检查方法和频率
平整度(mm)	没有明显突起或下凹,3m直尺最大间隙不大于5mm,高程偏差不大于15mm	需要时
清洁度	指触无明显灰尘	目测
露骨率(限抛丸)(%)	大于20%	随机检测,露骨率采用标准板法

11.3　桥面防水黏结层施工

11.3.1　材料要求

桥面防水黏结层涂料采用二阶反应型防水黏结材料,其技术指标应满足表11-2的要求。

表11-2　桥面防水涂料常规技术指标要求

项目		指标	试验方法
外观		黑色液体	目测
含水率(%)		<0.3	卡氏滴定法(KF)
渗透深度(mm)		2~5	见注
延伸性(mm)		≥6	《建筑防水涂料试验方法》(GB/T 16777—2008)
低温柔韧性,-25℃±2℃		无断裂纹	《建筑防水涂料试验方法》(GB/T 16777—2008)
黏结强度	25℃	≥0.6MPa	参照《道桥用防水涂料》(JC/T 975—2005),拉拔力试验仪,拉伸速度0.1MPa/s
	50℃	≥0.40Mpa	参照《道桥用防水涂料》(JC/T 975—2005),拉拔力试验仪,拉伸速度0.1MPa/s
剪切强度	25℃	≥0.6MPa	参照《道桥用防水涂料》(JC/T 975—2005),夹角40,温度25℃
	50℃	≥0.40MPa	参照《道桥用防水涂料》(JC/T 975—2005),夹角40,温度50℃
干燥性(25℃,h)	表干	≤2	《建筑防水涂料试验方法》(GB/T 16777—2008)
	实干	≤4	《建筑防水涂料试验方法》(GB/T 16777—2008)
不透水性,0.3 MPa		30min不渗水	《建筑防水涂料试验方法》(GB/T 16777—2008)
耐热性		(160±2)℃,无流淌和滑动	《道桥用防水涂料》(JC/T 975—2005)

续上表

项　　目	指　　标	试 验 方 法
抗冻性，-20℃	20 次不开裂	《水浮型沥青防水涂料》(JC/T 408—2005)
抗刺破及渗水	暴露轮碾试验(0.7MPa，100 次)后，0.3MPa 水压下不渗水	《聚氯乙烯(PVC)防水卷材》(GB 12952—2011)

注：在干燥、粗糙的水泥混凝土试件上涂刷二阶反应型防水黏结材料，待干燥后，将试件从中间劈开，在劈开面上洒水或将整个试件浸水 3～5min 进行饱水处理，最后，观察试件劈开面的颜色变化，采用卡尺测量劈开面的干燥区域尺寸即二阶反应型防水黏结材料的渗透深度。

11.3.2　施工要点

(1)在干燥、洁净、经喷砂打毛处理的水泥混凝土顶面均匀涂刷用量为 0.3～0.6kg/m^2 的专用防水涂料(推荐用量 0.4kg/m^2)，形成防水黏结层，防水层必须全断面满布，达到无破洞、无漏洒、无脱开及起皮现象的要求。

图 11-3　SG2-LM 分部桥面防水黏结层施工

(2)雨天禁止施工，气温低于 5℃时不宜进行施工。

(3)专用防水涂料施工完成 2～4h 后，即可进行下一工序的施工，不能及时实施下一工序时，应封闭道路，禁止一切车辆通行，避免损坏防水层。图 11-3 所示为 SG2-LM 分部桥面防水黏结层施工。

11.4　桥面沥青铺装层施工

11.4.1　材料要求

桥面沥青铺装层施工材料要求满足热拌沥青混合料相关规定。

11.4.2　施工准备

桥面沥青铺装层施工前的技术、机械、试验检测仪器、料场与材料及作业面准备分别按本指南第 2.2～2.7 节执行。

11.4.3　施工要点

(1)桥面沥青铺装层施工工艺与同一路段沥青面层基本相同。为确保桥面沥青铺装层的压实度及密水效果，摊铺速度以正常路段的 80% 为宜。

(2)桥面伸缩缝预留槽下部应采用碎石填塞，上部采用沥青混合料进行摊铺压实，高程应与桥面板一致。

(3)桥面沥青铺装下层施工,应按设计做好桥面碎石盲沟的预留,保证桥面排水系统的完善。

(4)桥面铺装的复压宜采用胶轮压路机或钢轮压路机进行,经试验或经验证不致损坏桥梁结构时,也可采用水平振荡压路机碾压。

(5)桥面沥青铺装层施工时,严禁运输车辆在桥面上掉头、紧急制动,避免破坏桥面防水黏结层。

11.4.4 质量控制

(1)桥面沥青铺装层原材料、混合料、施工质量控制应按本指南第8.7节执行。

(2)施工过程中随时进行外观(色泽、油膜厚度、表面空隙等)检查,发现铺装层局部渗水、严重离析时,必须采取补救措施。

(3)桥面沥青铺装层施工过程中如发现“油斑”或局部光面时,应检查油石比、矿料级配是否偏离设计,拌和是否均匀,有无纤维、矿粉结团和用量偏离设计等情况,严重者应予铲除,并调整配合比。

(4)重点对桥面沥青铺装层压实度和渗水系数进行检查,其中渗水系数检测频率应为正常路段的两倍。

(5)在铺筑桥面沥青铺装层过程中需对桥面防水黏结层的效果进行评定,确认防水黏结层完整不透水,与桥面板黏结良好。

(6)桥面沥青铺装层与路面连接部位,应连接平顺。

12　安全生产与文明施工

12.1　一般规定

12.1.1　参与路面施工与管理的单位，均应设置安全生产管理机构，并配备专职安全员。项目经理、副经理、项目总工及专职安全员须取得相应安全生产考核合格证书，持证上岗。

12.1.2　在施工准备过程中，应建立安全管理、文明施工制度，明确安全、文明施工管理措施和要求。

12.1.3　施工区域应封闭管理，在进出口处设置禁行标志，禁止与施工无关人员进入施工作业区。在挖方、取土坑、电力设备等危险区域，应设置危险警示标志，必要时采取围挡措施。

12.1.4　路面工程施工过程中，应采取措施避免对已完成的桥梁、隧道等工程造成损坏，引发安全事故。

12.1.5　专职安全员应参与工程施工组织设计和重大方案的决策，应对施工各环节、安全措施进行验收和日常检查，建立健全安全管理档案。

12.2　安全生产

12.2.1　路面施工应贯彻“安全第一、预防为主、综合治理”的方针。施工前应对各种安全危险源进行辨识和评估，并应在施工过程中有针对性地采取各种有效措施，预防事故发生；对危险性较大的工程应编制专项方案；对存在重大安全事故危险源的工程，应预先建立重大事故应急预案，开展应急预案的演练。

12.2.2　正式施工前，应对所有参与拌和、运输、摊铺、碾压、检测等施工作业人员，进行安全培训。每日须进行工前安全交底，使作业人员掌握安全操作规程。作业过程中，须有专职安全员检查监督，严禁违规作业。

12.2.3　路面施工期间，为利于施工安全与污染控制，承包人应对负责的施工断面采取封闭措施并安排专人进行管理,必须对通行车辆建立发卡、登记制度。

12.2.4 路面工程施工场地的规划和临时设施的设置应满足安全施工的要求,并应符合下列规定:

(1)拌和场地、临时驻地、临时道路等的选址,应避开容易发生自然灾害或易受施工影响诱发地质灾害的地点。

(2)在炸药库、燃料库、沥青储存罐等危险源附近,应按规定设置安全警告标志牌,并配备相应的灭火器材。

(3)施工区域内的临时道路应保持畅通,临时码头、栈桥和便桥的位置应按批准的设计选址,并应设置相应的交通安全标志。出入口处应有专人管理,并应设置相应的交通安全标志。边通车边施工的路段,应进行交通导流方案设计,并应设置交通防护、警示和引导的标志;必要时,应取得交警部门支持实施交通管制。

(4)专职安全员应按安全生产规定,对炸药、燃料等易燃易爆物品的存放和使用进行管理,并定期进行安全检查,做好检查记录,确保施工安全。

12.2.5 施工现场的临时用电安全应符合下列规定:

(1)应编制临时用电施工组织设计,内容包括确定电源进线、总配电箱、分配电箱的位置及线路定向、负荷计算,选择变压器容量和导线截面,制定安全用电技术措施和电气防火措施等。

(2)应严格按照临时用电施工组织设计与拌和场平面布置图进行电力线架设和管理,且动力和照明线必须分开架设。

(3)配电房(室)、变压器等固定电力设备均设置安全防护屏障或网栅围栏,高度不低于2.5m,应设置明显的禁止、警告标志。

(4)施工现场临时用电应符合现行《施工现场临时用电安全技术规范》(JGJ 46—2005)的规定。工程专用的电源中性点、直接接地的220/380V低压电力系统等,必须采用TN-S接零保护系统,并做到三级配电两级保护和“一机一箱一闸一漏”。

(5)电力作业人员必须持证上岗,按规定正确穿戴、使用劳动防护用品。

(6)配电箱内多路配电应有标记,配电箱应有门、锁和防雨措施,铁壳开关箱必须接地。所有电器设备必须完整、无破损,性能良好。必须使用安装带有漏电保护器的插座。漏电保护器应定期试验,确保性能可靠。严禁使用铜丝、铁丝等金属代替保险丝。严禁在一个开关上连接多台电动设备。

(7)夜间施工时,现场应设有满足施工安全要求的照明设施(见图12-1),且照明设施应加设网罩防护,严禁使用简易碘钨灯。

图12-1 路面中面层夜间施工现场

所有作业人员必须穿反光背心。

(8)水泥罐、沥青罐、拌和楼等独立、突出设施应有避雷设施。

12.2.6　石灰消解、拌和作业的施工安全应符合下列规定：

(1)石灰场应选择远离居民区、庄稼和易燃物的空旷场地，周围应设护栏，不得堆放在道路上，并应注意洒水防尘。

(2)消解石灰时，不得在浸水的同时投料、翻拌。从事石灰消解的作业人员必须穿戴规定的防护服装及设备。

(3)石灰消解和拌和时，作业人员应在上风向操作，并应采取防尘措施。

(4)拌和石灰时应轻拌、轻翻，严禁扬撒。

12.2.7　混合料拌和作业时的施工安全应符合下列规定：

(1)拌和机的各种机电(包括微电脑控制进料)设备，在运转前均需由机工、电工、电脑操作人员进行全面检查。

(2)拌和机运行中，严禁进行保养和调试工作。拌和设备内需要清理时，必须停机，人员进入工作时，设备外应有专人监护。

(3)拌和机生产过程中，严禁人员靠近沥青及加热管道，或在料斗下工作、通行。

(4)油罐区应远离生活区，油罐区内禁止存放危险品、爆炸品和其他易燃物资。

12.2.8　运输作业时的施工安全应符合下列规定：

(1)运输车辆驾驶人员须持照上岗，并应通过相关运输作业培训。严禁驾驶人员疲劳作业。

(2)运输车辆进入施工现场前应检查其车况，尤其应对刹车、自卸系统进行检查，保证车斗密封，后挡板牢固等，确保其在运输及卸料过程中不出现故障及漏油现象。

(3)运输过程中，车辆不得超载、超速行驶，应遵守交通法规。

12.2.9　混合料摊铺作业的施工安全应符合下列规定：

(1)摊铺机驾驶台及作业现场应视野开阔，清除一切有碍工作的障碍物。作业时无关人员不得在驾驶台上停留，驾驶员不得擅离岗位。

(2)运料车向摊铺机卸料时，应有专人指挥协调，同步进行，防止互撞。

(3)驾驶应尽量平稳，不得急剧转向。弯道作业时，熨平装置的端头与路缘石的间距不得小于10cm，以免发生碰撞。

(4)用柴油清洗摊铺机时，不得接近明火。

12.2.10　路面碾压作业的施工安全应符合下列规定：

(1)压路机作业前，应检查所有操作部件、仪表、制动器及转向机构，确保一切正常后方可进行操作。压路机开动前应确认压路机前后无障碍或人员。

(2)压路机须配置视频倒车雷达,且有语音提示器,如图 12-2、图 12-3 所示。

图 12-2　SG2-LM 分部压路机视频倒车雷达

图 12-3　SX-LM1 分部压路机视频倒车雷达

(3)压路机在各种路段上作业时应与路基边缘保持一定的安全距离。

(4)碾压作业时,应严格按照安全操作规定执行,听从施工人员的统一指挥。

(5)压路机因故临时停车时,应立即将压路机置于制动状态。作业后,应集中停放在平坦坚实的地方,使压路机处于制动状态,不得停放在路边缘及斜坡上,也不应停放在妨碍交通的地方。

12.2.11　隧道路面施工作业的安全要求应符合下列规定:

(1)隧道内所有施工人员必须穿着安全警示服。

(2)沥青混合料面层施工时,应充分考虑温度高、烟雾多、噪声大、能见度低和空气流通困难等危险、危害因素,采取安保措施。

(3)施工过程中,应配备相应的消防设备,施工人员必须熟悉消防设备的性能和使用方法。凡进入隧道内的施工人员,不得吸烟,不得使用点火器材。

(4)施工单位应根据隧道内施工作业环境特点编制安全生产专项施工组织设计,并制订安全事故应急救援预案。

12.3　文明施工

12.3.1　路面施工驻地建设、标志标牌设置等,应按本系列指南中《工地建设》分册执行。

12.3.2　施工作业人员应统一着装,具体执行本系列指南中《工地建设》分册规定。

12.3.3　在正式施工前,对所有进场工作人员进行环保教育,增强环保意识。

12.3.4　为推行路面施工“零”污染目标,路面工程施工中,应处理好与机电、房建、绿化、安全设施、防护等工程交叉施工的协调,减少对路面和其他已完工程的污染。当房建、绿化等工程的施工车辆无法避免与路面工程交叉施工时，必须在进出口处设置轮胎冲洗设施。见图 12-4 ~ 图 12-6。

图 12-4　遂广高速垫层施工边沟保护措施

图 12-5　SG1-LM1 分部中央分隔带防水土工布铺设

图 12-6　桥面沥青混凝土铺筑时对护栏进行遮挡保护

12.3.5　严禁在路面结构层上堆放砂石、拌和砂浆，必须要堆放时，应采取隔离措施。

12.3.6　施工材料运输车辆应采取有效的封闭措施，防止材料沿途泄漏和扬尘。施工便道、场区道路应洒水，保持湿润，避免扬尘。

12.3.7　施工废料、废水和生活垃圾应指定地点堆放、排放，避免污染环境。

12.3.8　严格控制机械设备废气、粉尘的排放，使其符合国家规定的环保标准。

12.3.9　对环境有污染的设施和材料应设置在远离人员居住的较为空旷的地点。在临近村镇、居民区的施工区域，应减少夜间施工。

12.3.10　各种机械设备应停放整齐；砂石料分类堆放整齐。

12.3.11　应处理好与当地群众的关系，树立施工企业和工程项目的良好形象。

附录 A　路面试铺总结编写要求

A.1　沥青路面垫层、底基层、基层试铺总结编写要求

垫层、底基层、基层等结构层试铺完成，并经检测后，应及时进行试铺总结的编写。试铺总结按下列顺序和内容进行编写。

A.1.1　试验段概况

包括桩号、长度、面层结构类型、施工日期、承包人、监理单位，施工时天气情况，如温度、湿度、风力等。

A.1.2　批准的配合比

包括场地原材料性能检测结果(集料、水泥)，矿料级配组成，水泥(石灰)、碎石的比例，标准击实、7d 无侧限抗压强度(或 CBR)等试验结果。

A.1.3　机械设备与人员组成

(1)使用的主要机械设备和数量。

(2)人员组成情况及分工职责。

A.1.4　混合料拌和

(1)拌和机信号、上料速度、拌和数量、拌和时间、卸料方式等。

(2)验证混合料配合比：试拌混合料的集料级配，混合料的配合比，混合料含水率等。

A.1.5　混合料摊铺

摊铺机梯队作业情况，料车卸料方式，摊铺速度，厚度控制及找平方式，消除摊铺离析的技术等。

A.1.6　混合料碾压

应至少有两种不同的碾压组合方式(必须确保达到要求的压实度)，每种方案碾压机具的选择、组合方式、压实顺序、碾压速度及遍数(列表说明)等。

A.1.7　铺层松铺系数

用定点测量下卧层表面高程、面层松铺高程、面层压实高程等，测点数应大于30个，计算得到铺层松铺系数。测量数据应在总结中列出。

A.1.8　施工接缝处理方法

两台摊铺机中间接缝、施工缝的处理方法，如何确保接缝处铺层的压实度和外观均匀性符合规定。

A.1.9　试验段各项技术指标检查结果

A.1.10　试铺存在的问题及分析

介绍试铺过程中存在的问题及分析原因。

A.1.11　结论意见

(1)试铺是否成功，建议施工用的配合比。

(2)建议施工产量及作业长度。

(3)正式施工中需改进的若干建议。

(4)对开工申请施工组织设计的修改建议。

(5)确定施工组织及管理体系、质保体系。

(6)安全保障措施、应急预案。

A.2　沥青路面面层试铺总结编写要求

沥青路面试铺用正式表报批，放在总结的首页，按以下内容编写。

A.2.1　试铺路段概况

包括桩号、长度(不少于300m)、面层结构类型、施工日期、承包人、监理单位、施工天气情况、温度、湿度、风力等。

A.2.2　批准的目标配合比和生产配合比

(1)原材料质量:包括原材料产地品种、性能检测结果。

(2)目标配合比:批准的目标配合比试验结果。

(3)生产配合比:包括各热料仓集料、矿料筛分结果，密度试验结果，矿料级配组成，最佳沥青用量(油石比)的沥青混合料技术性质试验结果。

A.2.3　机械设备和人员组成

(1)使用的主要机械设备和数量。

(2)人员组成情况及分工职责。

A.2.4　沥青混合料试拌

(1)拌和机的拌和方式:拌和机型号、上料速度、拌和数量、拌和温度(沥青温度、集料温度、出料温度)、拌和时间(干拌时间、湿拌时间、加料卸料时间)等。

(2)验证沥青混合料配合比:试拌沥青混合料技术性质,确定试铺用沥青混合料的配合比。

A.2.5　沥青混合料摊铺

摊铺机梯队作业情况,料车卸料方式,摊铺温度,摊铺速度,初步振捣夯实的方法和强度,熨平板预热方式和温度,厚度自动控制及找平方式,消除铺面离析的技术。

A.2.6　沥青混合料压实方案

应至少有两种压实方案(必须确保达到要求的压实度),每种方案压实机具的选择,组合方式、压实顺序、碾压速度及遍数(列表说明)、碾压温度等。

A.2.7　面层松铺系数

用定点测量的下卧层表面高程、面层松铺高程、面层压实高程方法计算得到,测点数应大于 30 个。测量数据应在总结中列出。

A.2.8　施工缝处理方法

两台摊铺机中间接缝的处理方法,如何确保接缝处面层的压实度、渗水系数和外观均匀性符合规定。

A.2.9　试铺路段各项技术指标检查结果

(1)承包人每种碾压方案钻芯取样数不少于 10 个,渗水系数测定点不少于 20 个。

(2)中心试验室、监理单位可与承包人共同钻取芯样,试样共享,分别测定;独立完成渗水系数测定不少于 10 点。

(3)以上各单位均应计算试验段的各热料仓比例,并与生产配合比比较。

A.2.10　试铺存在的问题及分析

介绍试铺过程中存在的问题及分析原因,提出解决措施。

A.2.11　结论意见

(1)试铺是否成功,建议施工用沥青混合料配合比。

(2)建议施工产量及作业段长度。

(3)正式施工中需要改进的若干建议。

(4)对开工申请中施工组织设计的修改建议。

(5)确定施工组织及管理体系、质保体系等。

(6)安全保障措施、应急预案。

附录B　沥青路面施工工序总体流程图

沥青路面施工工序总体流程图见附图B-1。

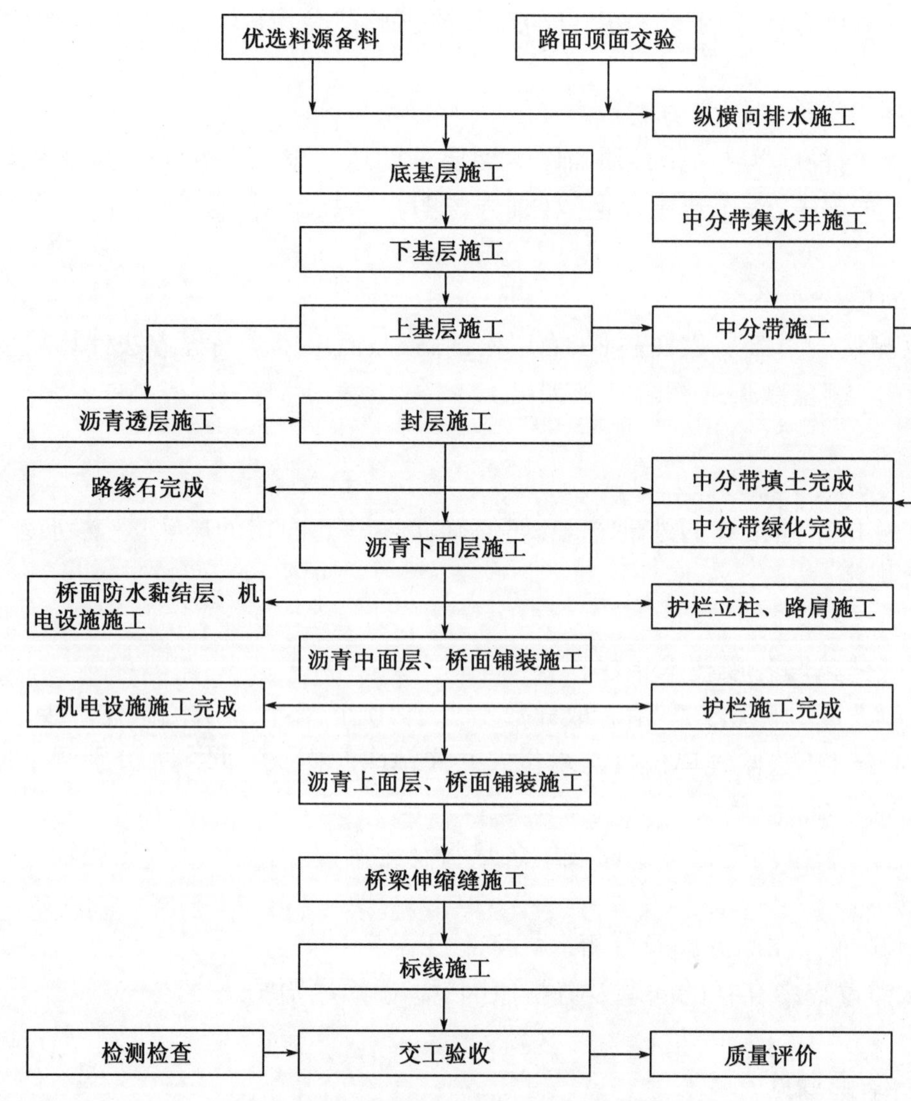

附图B-1　沥青路面施工工序总体流程

参考文献

[1] 中华人民共和国行业标准. JTG D50—2006 公路沥青路面设计规范[S]. 北京:人民交通出版社,2006.

[2] 中华人民共和国行业标准. JTG D40—2011 公路水泥混凝土路面设计规范[S]. 北京:人民交通出版社,2011.

[3] 中华人民共和国行业标准. JTG F40—2004 公路沥青路面施工技术规范[S]. 北京:人民交通出版社,2004.

[4] 中华人民共和国行业标准. JTG/T F30—2014 公路水泥混凝土路面施工技术细则[S]. 北京:人民交通出版社,2014.

[5] 中华人民共和国行业标准. JTG F80/1—2004 公路工程质量检验评定标准 第一册 土建部分[S]. 北京:人民交通出版社,2004.

[6] 交通运输部公路局. 高速公路施工标准化技术指南[M]. 北京:人民交通出版社,2012.

[7] 中华人民共和国交通运输部. 公路工程标准施工招标文件(2009 年版)[M]. 北京:人民交通出版社,2009.

[8] 福建省高速公路建设总指挥部. 福建省高速公路标准化管理指南[M]. 北京:人民交通出版社,2013.

[9] 浙江省公路管理局,浙江省交通工程建设集团. 浙江省高速公路施工标准化管理实施细则[M]. 北京:人民交通出版社,2013.

[10]《高速公路标准化管理探索与实践》编委会. 高速公路标准化管理探索与实践[M]. 北京:人民交通出版社股份有限公司,2015.

后　记

本书在编写过程中得到了交通运输部公路科学研究院、四川成渝高速公路股份有限公司、四川省交通运输厅交通勘察设计研究院和四川省交通运输厅公路规划勘察设计研究院的技术指导,在此表示衷心的感谢。同时,本书的编写还得到了四川国际工程监理有限公司、北京交科工程咨询有限公司、重庆市交通工程监理咨询有限责任公司、四川省亚通公路工程监理所、四川公路工程咨询监理公司、海南交通工程监理公司、四川金通工程试验检测有限公司、四川督信工程试验检测有限责任公司、四川精益道桥试验检测有限责任公司等遂广遂西高速公路参建单位和广大参建者的协助和支持,在此一并表示感谢。

编者

2016 年 3 月